日経文庫
NIKKEI BUNKO

コーチング入門〈第２版〉

本間正人・松瀬理保

日本経済新聞出版

まえがき

本書は二〇〇六年に第1版を発刊して以来、「一冊でコーチングの全体像がつかめる手軽な入門書」として、高評をいただいてきました。著者としては、うれしい限りです。

かつて日本では「一過性のブームではないか?」などと懐疑的な目で見られた時代もありましたが、経済のグローバル化の流れが加速する中で、世界的なマネジメントの定番として、コーチングの位置づけは確固たるものになりました。マネジャーにとって、コーチングは知識として「知っている、知らない」のレベルではなく、「どのくらい活用しているか」というぐらいにまで一般化してきています。

他方、あまりにも多くの書籍が出され、また、各種の研修やセミナーが開催され、何を信じたらよいのかわからない、という情報洪水の状況が生まれています。大きな書店の、コーチングのコーナーを見ると、様々な流儀・流派の本が並んでいます。残念なことですが、出典を明らかにしないまま、本書の記述を引用しているものも少なからず存在します。

本書は、昨今のコーチングをめぐる状況の変化を視野に入れ、さらに読みやすく、わかりやす内容を更新したものです。読者の方からいただいた質問に答えたり、ケーススタディを追加したりするとともに、私が提唱している学習学とコーチングとの関係についても、「あとがきに代えて」で敷衍《ふえん》しました。

本書の改訂上梓にあたっては、分担執筆部分も含め、本間が最終的な責任を持って進めました。この間、日本経済新聞出版社の平井修一編集長、編集者の髙木繁伸氏はじめ、多くの方のご尽力を賜りました。心から御礼申し上げます。

本書を読むだけでなく、実際に職場でご活用いただくことにより、部下や後輩の指導育成に役立てていただきたい。コミュニケーションを深めることで、人間関係を改善し、企業・組織の業績向上に結びつけていただきたいと願っています。

二〇一五年六月

本間　正人
松瀬　理保

第1章 コーチングとは　11

第4章　質問のスキル

第5章　承認のスキル

カバー・章とびらイラスト　ツグヲ・ホン多（asterisk-agency）

第1章　コーチングとは

1　すべての人に大切な基本スキル

コーチングを知らずして、マネジメントを語るなかれ。

現在、日本の大企業の新任マネジャー研修で「コーチング」は定番メニューの一つとなり、「知っている、知らない」という段階ではなく、「どのくらい実践しているか」が問われる時代に入っています。

コーチングは、誰もが、意識すれば、身につけ、磨くことができる、コミュニケーションのとり方であり、仕事をうまくこなしていくために、すべての人がマスターすることが期待される社会的スキルの基本と位置づけることができるでしょう。

日本にコーチングを普及した立役者の一人であるコーチ・エィ代表取締役の伊藤守氏は、部下の育成に成功しているマネジャーのコミュニケーションには共通の特徴があり、他者の能力を引き出すことに優れた人のコミュニケーションを体系的にまとめたものがコーチング・スキルである、と定義しています。

その中には、

・自分のやり方を押しつけない
・指示命令を最小限に
・話をよく聞く
・相手の存在を尊重する

などという要素が含まれています。ある意味、しごく当然のことばかりなのですが、しかし、この当たり前のことを実践することがなかなか難しいのです。だからこそ、多くの企業でコーチング研修が取り入れられ、また、プロのコーチの活動の幅も広がっているのだと思われます。

また、基本的なことだからこそ、奥が深い、という面もあります。「聴く」のは、コーチング・スキルの基本中の基本ですが、言葉を聞くのか、声を聞くのか、心を聴くのか、音を聞くのか、本音を聴くのか、深めていけばいくほど、奥義がある世界と言えるでしょう。

本書では、主に管理職や指導的立場にあるビジネスパーソンを対象に、毎日の仕事におけるコーチングの発想や手法を紹介していきたいと思います。

特に、初めてマネジャーに就任された方、さらに、仕事のできる上司を目指す方にとって、コーチングは、ちょっとしたつまずきを防ぎ、部下に対する指導力を高め、業績を向上するヒントとなることでしょう。

2　解決できる形にフレームを転換する

コーチングの前提条件として、二種類の**「解決不可能問題」**について、お伝えしておきたいと思います。この二種類の問題を何とかしようと思って奮闘しても、うまくいきません。

まず一つ目は「相手の性格・人格を変えようとすること。「別の人間になれ」と命じても、相手を無理やり変えることはできません。「心を入れ替えよう」とすること。「心を入れ替えろ」と叫んでも、心はカートリッジ式ではないので、入れ替えることはできないのです。ただし、これまでとは違う指導の方法を試したり、ツールを活用することで、相手の仕事のやり方が変わることはありえます。また、自分が相手に接するコミュニケーションのとり方を変えることで、相手との関係性が変わることもあります。

もう一つは「過去に起こった出来事を変える」こと。「ああすればよかった」「こうすればよかった」と愚痴をこぼしても、事態は改善されません。人類は、タイムマシンを開発していないので、過去に発生したことを、なかったことにすることはできないのです。ただし、「過去の出来事をどう認識するか」についてとらえ方を変えたり、未来に向けての行動を変えたりす

図表1-1　解決不可能問題には二種類ある

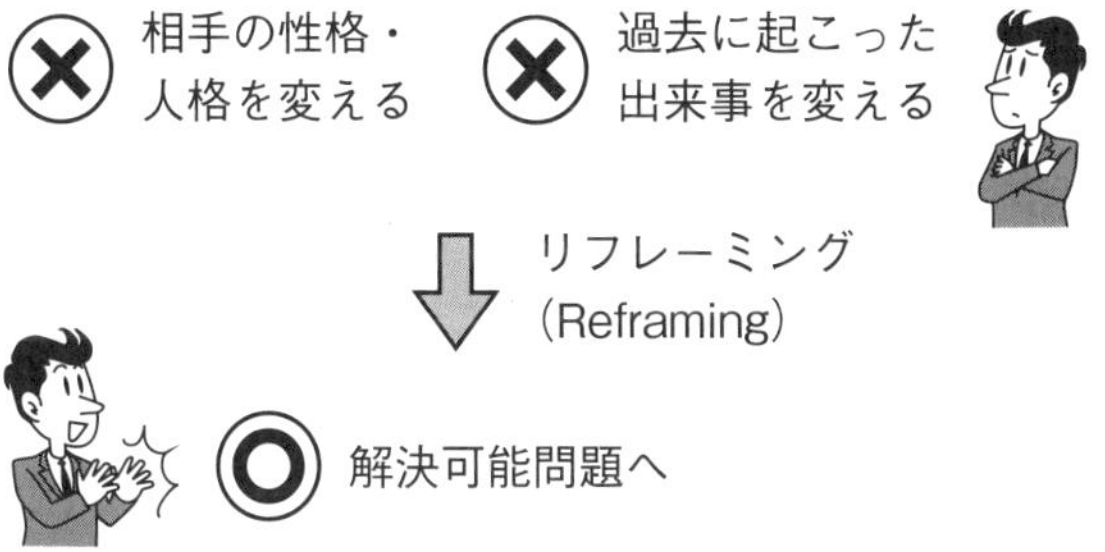

ることは可能です。多くの場合、過去の出来事を「学びの体験」としてとらえ、教訓を未来に活かすことが有効です。

この二つの「解決不可能問題」に直面した時には、「解決可能問題」へと、フレームを転換することが大切です。物事のとらえ方を変えることを、**「リフレーミング」**（Reframing）と言いますが、プロの写真家は、素人とは構図のとり方が違います。コーチングの中でも「とらえ方を変える」リフレーミングのスキルは、とても重要です。

3　レパートリーを広げる

そして、もう一点、部下・後輩の指導育成にあたり「こうすれば必ずうまくいく」という魔法の処方箋は存在しない、ということを強調したいと思います。この呪文を唱えれば、やる気の低い部下の目が立ちどころに輝く、といったマジックはないのです。

では何のために、コーチングの習得を目指すのかと言えば、それは「コミュニケーションや指導・育成のレパートリーを広げる」ため、とお答えしたいと思います。

コーチングは、人間の可能性を信じ、一人ひとりの個性を尊重しながら、自律型の部下へと育てていくためのヒントを提供するコミュニケーション・スキルなのです。「これが正解だ」という普遍的な答えが決まっているわけではないので、自分だったらどう考えるのか、どう行動するのか、など、本書と対話しながら、実力を磨いていっていただければと思います。

コミュニケーションのとり方や、指導のレパートリーを広げることで、いろいろなタイプの部下・後輩に対する、そして、様々な状況における指導力が高まります。ぜひ、この本を参考にして、「自分流コーチング」の確立を目指してください。

4　コーチングは管理職のコアコンピテンシー

現代の企業社会において、管理職には様々な**コンピテンシー**（職務遂行能力）が求められています。戦略的思考力や計数能力、労務管理やメンタルヘルスの知識、企画力やプレゼンテーション力、ファシリテーション力など、日経文庫で扱われているテーマの多くを身につけておく必要があるでしょう。

その中でも、コーチングはコアコンピテンシーの一つと言えるでしょう。モノをいかにマネジメントできるかも重要ですし、情報や数字を扱う能力ももちろん必要です。

しかし、数ある経営資源の中で、「人」が最重要である場合がきわめて多いのではないでしょうか？　装置産業と呼ばれる業界でも、戦略を立案し、顧客と接し、日々の判断業務を行なうのは、やはり「人」です。いわんや、サービス業など、「人」をいかにマネジメントするかが、経営の質を決めると言っても過言ではありません。

神戸大学大学院の金井壽宏教授は、『ビジネス・インサイト』の中で次のように述べています。

経営の担い手は人間であるという意味で、「ひと」に着目して経営のあり方を考察することは、経営学の最も基本的なアプローチの一つです。ひとに着目する経営学の研究トピックスとして〈中略〉、古くから研究が続けられ、今また新たな展開を見せつつある研究分野として「コーチング」があります。〈中略〉

組織の階層上で上位だからとか、経験年数が長いからとかいう理由で、より若い世代を型にはまるようなコーチングだけでは通用しなくなりつつあります。教わる側のいいところを引き出し、教える側も相手から学ぶような場面が増えています。

（出典）現代経営学研究所　季刊『ビジネス・インサイト』No. 39「特集　コーチングのコーチング」5頁

そのために、コーチング能力が業績向上、昇格昇進の決め手になっている場合も少なくありません。ここ数年、組織のフラット化の傾向に伴い、プレイングマネジャーが増えた企業も多いのですが、マネジャー専任でも、プレイングマネジャーでも、部下に適材適所の業務を振り分け、目標管理を適切に行なえる人材が求められていくことは間違いありません。

「企業は人なり」「モノをつくる前に人づくり」など、人間中心の経営理念を象徴する言葉は、枚挙にいとまがありません。ところが、これまでは精神論で終わっていたきらいがあります。

コーチングが注目されることによる最大の効果は、コーチングに関する研修や通信教育、ビデオ教材や書籍などによって、それまでは抽象的で学びにくかった「人間力」「ソーシャルスキル」といった分野での自己学習を深める具体的な方法論が示されたことではないでしょうか？　EQ（心の知能指数）や社会人基礎力に対する関心が高まる中で、コーチングというくくりで、人に関するマネジメント能力を高めるアプローチが有効であると、多くの企業や組織で認識されてきているのだと考えられます。

5　コーチングの概念整理

後述するように、コーチングについては、様々な概念が錯綜して用いられているので、ここで整理しておきたいと思います。

⑴ビジネス・コーチング（Managerial Coaching）

企業の管理職・監督職が、コーチングのスキルを活用し、日常のマネジメントの中で業務目標を達成しつつ、部下・後輩の指導育成に取り組むことを指します。多くの会社で、管理職研修の一環としてコーチングが取り上げられ、一日、二日程度で、ごく基本的なスキルが伝授されています。その後、プロのコーチによるフォローアップのコーチングを受けることで、スキルのさらなる定着を図っている会社も増えています。せっかく、コーチング研修を導入したけれど、まだ顕著な効果があがっていない、という企業の場合には、フォローアップの充実が効果的だと考えています。

本書では、主に、この「ビジネス・コーチング」を扱っていきます。

(2)プロフェッショナル・コーチング（Professional Coaching）

プロのコーチが、クライアントから報酬を受け取り、目標達成や問題解決のサポートを行なうことを指します。プロのコーチを自称する人が増えていますので、後述するコーチ養成課程を経て、コーチングの資格を持っている人を選ぶ傾向が、今後、ますます強まっていくことになるでしょう。

テーマや契約関係によって、さらに三つの類型に分けて考えることができます。

①パーソナル・コーチング（Professional Personal Coaching）

プロのコーチが、クライアント（個人客）から報酬を受け取って、コーチングを提供します。「電話で週に一回三十分」とか「対面で月二回」といった契約を結ぶのが一般的です。そのテーマは仕事に関係することもあるでしょうが、それ以外に、趣味や生き甲斐の創造、家族関係など多岐にわたります。プロのコーチも、ダイエットやタイムマネジメント、英語学習、転職など、得意分野に特化して、他のコーチと差別化する傾向が強まっていくでしょう。

これまで、日本では、無形のサービスに対価を支払う習慣が少ない、と言われていましたが、自分の子供に家庭教師をつけている親はかなりの数にのぼります。しかし、むしろ、様々な問題や矛盾を抱えている自分自身に投資したほうが賢明だと考える人が増えてきてもおかしくありません。

二〇一四年に国際コーチ連盟が行なった国際調査では、コーチングを受けたクライアントの八五％以上が「非常に満足している」または「満足している」と回答しています。（日本国内では八二％）（出典：ICF Global Consumer Awareness Study Data Tables for Japan）

自分自身の可能性を開花させるために、必要な投資を行ない、使いうる人的資源を活用する発想、すなわち、自分の人生をマネジメントする発想が、これまで以上に求められているのだと思います。

コーチングの書籍の中には、パーソナル・コーチングのテーマとして、ビジネスに関係する問題を扱う場合に、それを「ビジネス・コーチング」と呼んでいるものもあります。これも、決して間違った言葉の使い方とは言えないので、本を読む際に、著者がどの意味で用語を使っているのか、確認する必要があるでしょう。

②エグゼクティブ・コーチング（Professional Executive Coaching）

プロのコーチが企業のトップや経営幹部に、電話や対面でコーチングを提供する形式です。報酬は、企業の経費として支出されることが一般的ですので、当然、テーマも企業経営に関するものが中心になります。したがって、エグゼクティブ・コーチとして活躍するためには、マネジメントの経験や知識を備えていることが有効です。ただし、GEのジャック・ウェルチ氏のように、ビジネス経験の少ないコーチを雇い、成果をあげたケースもあります。

たとえば、一人で抱え込んでいた課題を別の角度から見ることが可能になったり、複数の懸案の間の優先順位が明確になったり、業務に要する時間が短縮して、タイムマネジメントが向上したという体験談が、米国では数多く報告されています。あるいは、ほかの人には話せない愚痴や悩みを告白することで、ストレス・マネジメントにもつながるというケースも多いようです。

日本では、中堅企業の経営者がコーチを雇う例は確実に増えていますが、一部上場の大企業の経営トップがエグゼクティブ・コーチングを受けることが一般化する日も遠くないでしょう。

米国では、CEOや執行役員など、経営陣のトップに社費でコーチを雇うのは、福利厚生の一部となっています。重役をヘッドハンティングする際に、ボーナスやストック・オプションなどの経済的インセンティブ、保険や休暇などの福利厚生に加え、研修やコーチ費用など能力開発に関する制度もフリンジ・ベネフィット（広義の報酬）の一部なのです。

日本の大企業が、国際競争力を維持し、高めていくために、エグゼクティブ・コーチングは、今後、ますます必要な領域になると考えます。重役の能力開発への投資は、管理職研修への投資よりも、圧倒的に費用対効果が大きいので、これまで我が国では少なかった「重役研修」を実施し、個別の「エグゼクティブ・コーチング」を導入することが、日本企業の持続的発展の鍵を握る可能性を持っていると、私は考えています。

③社内コーチング（Internal Corporate Coaching）

経営幹部やマネジャーなどの目標達成や問題解決のサポートを行なうために、会社の中にプロのコーチを配する形です。これまでは、適性のある社員がコーチ養成プログラムを経てコーチングを学ぶ方法が一般的でしたが、今後は、認定資格を持ったプロのコーチを、社員として中途採用する形式も広まっていくと予想されます。

組織内で行なわれるコーチングの効果については様々な実証的な研究があります。たとえばアムステルダム大学の Tim Theeboom らのチームが行なった研究では、多くの調査がメタ分析され、目的指向の自己管理やスキルの向上、仕事への取組みなどについて顕著な効果があったと結論づけられています。日本でも、今後、コーチングの有効性について学術的な研究が増えていくことが期待されます。

わが国でも、二〇〇五年に社内コーチの交流を図るＪＩＣＣ（Japan Internal Corporate Coach Community）という組織が活動を開始。二〇一〇年にはＮＰＯの法人格を取得しました。商品ラインアップや組織体制など、社内事情に詳しい社内コーチがコーチングを行なうほうが、外部のコーチよりも効率的である場合もあります。また、社内コーチのほうが、企業秘密の保持が重要な場合には安心できるケースもあるでしょう。ただし、資格を持ったプロのコーチも、守秘義務契約を結ぶので、実際には、秘密保持に関しては社内コーチとあまり差がないかもしれません。

⑶様々な分野のコーチング

これ以外にも「営業コーチング」「社長コーチング」など対象者を特定したものや、「メディカル・コーチング」「教育コーチング」「アカデミックコーチング」「子育てコーチング」「ダイエット・コーチング」「転職コーチング」「スピリチュアル・コーチング」などテーマを絞り込んだものなど、いろいろなコーチングを目にする機会が増えてきました。これらのほとんども、後述するコーチングの流れを汲むものと考えて差し支えないでしょう。

また、自分自身をコーチングする「セルフ・コーチング」、上司が複数の部下を集め、共通性の高い課題についてまとめて実施する「グループ・コーチング」の手法も注目されています。詳細については、日経文庫『セルフ・コーチング入門』『グループ・コーチング入門』をご参照ください。

ただ、コーチングのブームに便乗して、これまで展開していた活動に、無理やり「コーチング」の名前を冠しただけ、という場合もありえますので、サービス提供者がどのようなコーチングの資格を持っているか、きちんと勉強してきた人かどうか、見極めることが大切です。

6　コーチの語源は「馬車」

「コーチ（Coach）」という言葉の語源は、もともと地名でした。ハンガリーにKocs（発音はコウチ）という小さな村があり、十五世紀にその村の馬車職人が、鉄製のばねを用いたサスペンションつきの馬車を製造し、好評を博しました。これが、ヨーロッパ全土に広まって

図表1-2　コーチングの語源は馬車

大切な人をその人が望むところまで送り届けること

「コーチ村の馬車（Kocsi szeker）」と呼ばれるようになり、それが一般名詞化したと言われています。

Coachが、英語のボキャブラリーとして使われるようになったのは、十六世紀に入ってからのことです。最初は「四輪の旅客用の馬車」という名詞としての用法でしたが、乗合馬車としても広く使われたところから、**「大切な人をその人が望むところまで送り届ける」**という動詞の意味が派生したようです。（出典：Evered and Selman, Coaching and the Art of Management, *Organizational Dynamics*, Autumn. 1989.）

一八四〇年代には、英国オックスフォード大学で、学生の受験指導をする個人教師

（private tutor）を指して、「コーチ」と呼ぶようになります。さらに、スポーツの分野で使われるようになったのは、一八八〇年代のことでした。ボート競技の指導者が「コーチ」と呼ばれていました。

7　人を中心に据えた発想

マネジメントの分野で「コーチ」という言葉が使われ始めたのは一九五〇年代。私がミネソタ大学の図書館で調べた限り、最も古い経営学関連の著作は、当時ハーバード大学准教授だったMyles Mace（一九一一―二〇〇〇）が書いた"*The Growth and Development of Executives*"（一九五九年）という本でした。ミネソタ州出身のメイス博士は、ハーバード・ビジネススクールに起業家精神の講座を開設し、「取締役会」の役割についての研究業績を残しています。また、電機メーカーの重役としても手腕をふるい、学術的研究とビジネスの実践を両立させた人でした。

そのメイス博士は、「**マネジメントの中心は人間である**」と述べた上で、「**人間中心のマネジメントの中でコーチングは重要なスキルである**」と位置づけています。「人間を経営の中心にすえる」という考え方は、当時としては、かなり画期的なものだったと言えるでしょう。なぜなら、第二次世界大戦直後の米国社会の基幹産業は工業であり、製造業の主役は機械であって、労働者は機械を操作するという副次的な役割に甘んじていたからです。

しかし、メイス博士の先見性は、経営幹部や管理職の役割が大きくなっていくことについて見通し、なかんずく、コーチングに着眼したのはまさに慧眼だったと言わざるを得ません。

8　可能性を引き出す

一九八〇年代になるとコーチングに関する出版物が数多く登場するようになります。経済活動の中で、商業・サービス業など第三次産業の占めるウエイトが高くなり、経営者やマネジャーの能力開発に対する関心が高まっていったことと軌を一にしていたと言えるでしょう。

日本では『エクセレントカンパニー』（"*In Search of Excellence*" 英治出版）で有名な Tom Peters（一九四二―）は、もう一冊のベストセラー"*A Passion for Excellence*"（一九八五年）の中で、コーチングに丸々一章をあてています。ピーターズ氏は、コーチングを「フェイス・トゥ・フェイスで発揮されるリーダーシップであり、多様な経歴・才能・経験・関心をもった人々をまとめあげ、さらに大きな責任を果たし、継続的な業績をあげるように部下を勇気づけ、そして、部下を全面的なパートナーであり職務に欠かすことのできない存在として大切に扱うこと」と定義しています。

また、ジョージワシントン大学から成人教育学の博士号を取得したDennis Kinlawは、神学のバックグラウンドを持ち、“*Coaching for Commitment*”（一九八九年）を著しました。キンロー博士は、経営幹部だけでなく、一般従業員の力を引き出すこと（empowerment）の重要性を説いています。上位下達のマネジメントでは、一人ひとりが持っている能力を十分に発揮させることができません。部下に権限委譲し、部下の自発性を引き出すことが、チームや組織全体のパフォーマンスを高めるために不可欠だと述べているのです。

このように、経営の文脈におけるコーチングの背景には**「人間を大切に扱う」「人間の可能性を引き出す」**という思想が基本にあるのです。一九九〇年代に入ると、コーチング関連の書籍の点数が飛躍的に増えますが、細かい差異はあるものの、基本的には、このような人間中心の考え方をとっていると言えるでしょう。

9　コーチ養成機関の誕生

一九九二年には、米国でコーチを育成する機関としてコーチ・ユニヴァーシティが誕生しました。創設者の Thomas Leonard（一九五五―二〇〇三）は、ともすれば暗黙知にとどまりがちなプロのコーチのスキルを、誰もが学習しやすい明白知の体系に整理し、プロのコーチを育成する教育プログラムを、電話会議システムを通じて提供する仕組みを編み出しました。これにより、スポーツ以外の分野で、コーチを職業とする人の数が一気に増えました。

同年、CTI（Coaches Training Institute）も米国カリフォルニア州に設立され、こちらは、電話会議ではなく、ワークショップ形式でプロのコーチの養成を行なっています。Laura Whitworth は一九八九年からプロのコーチとしての活動を始めた先駆者の一人で、Karen Kimsey-House、Henry Kimsey-House と三人でCTIを設立しました。CTIが提唱するコーアクティブ・コーチングは「人がより良く生きることを強力にサポートするパートナーシップ」と定義され、「コーチとクライアントはまったく平等なパートナーとして、クライアントがその持てる力を余すことなく発揮し、人生の可能性を極限にまで拡げられるよう協働的に働

＜ICF認定のコーチの資格＞

MCC（Master Certified Coach）
――マスター認定コーチ

所定の研修を経た後，2500時間以上のコーチング実績を持つこと

PCC（Professional Certified Coach）
――プロフェッショナル認定コーチ

所定の研修を経た後，750時間以上のコーチング実績を持つこと

ACC（Associate Certified Coach）
――アソシエイト認定コーチ

所定の研修を経た後，100時間以上のコーチング実績を持つこと

＊詳細はICFのウェブサイト参照
http://www.coachfederation.org

きかけて」いくとしています。一九九六年にＣＴＩからＣＰＣＣ（Certified Professional Co-Active Coach）資格を取得していた榎本英剛氏が、米国ＣＴＩのライセンスを受けて、ＣＴＩジャパンを設立したのは二〇〇〇年七月。ライブ・ワークショップ形式による、プロのコーチを養成するプログラムを開始しました。現在では、株式会社ウエイクアップが運営しています。

このほか、数多くの企業・団体が、コーチ養成プログラムを実施しています。

10　公的団体の成立

一九九五年一一月にInternational Coach Federation（ＩＣＦ、国際コーチ連盟）が設立されました。その目的は、コーチという職業（profession）の発展・普及に置かれ、米国の非営利法人格を持ち、現在はケンタッキー州レキシントン市に本部があります。ＩＣＦのサイトによると会員数は二万名以上で、日本を含む世界百カ国以上にメンバーがいて、各地に支部（chapter）がおかれています。

特に、「倫理規定」を設けて、業界の信用を高める活動をしているほか、ＭＣＣ、ＰＣＣ、ＡＣＣというコーチ個人の資格認定、ＡＣＴＰ（Accredited Coach Training Program）、ＡＣＳＴＨ（Accredited Coaching Specific Training Hours）というコーチ養成機関の認定などを通じて、プロのコーチの資質の維持・向上に努めています。

コーチの資格の基準には、コーチング実績の時間数があげられています。私自身、当初は疑問に思ったのですが、実際にコーチングを仕事として経験してみると、経験を積めば積むほど、実力がつくことがわかりますし、また、評判が良くなければ、顧客と契約を結ぶことができないので、きわめて有効かつ妥当な基準であると考えるようになりました。航空機のパイロットの能力を評する時に、飛行時間数を一つの目安とする発想に近いものがあります。

また、毎年、数千人規模の参加者が集まる大会（conference）を開催し、コーチングの思想や方法を交流する機会を提供しています。

わが国では、コーチングの健全な普及のために、一九九九年七月に日本コーチ協会（理事長桜井一紀氏）が設立され（当初は任意団体）、二〇〇〇年一一月に特定非営利活動法人（ＮＰＯ）としての法人格を取得しました。国際コーチ連盟と密接な連携を行なうことにより、わが国における倫理基準の確立・徹底を目指し、各地の支部（チャプター）が研究会などの活動を行なっています。

第2章

コーチングの基本的な考え方

1　ＩＣＦによる定義

国際コーチ連盟（ＩＣＦ）が定めるコーチの哲学と定義からひもときたいと思います。国際コーチ連盟では、コーチは以下のことについて責任を持つとしています。

①クライアントとともに、実現したい目標に道筋をつけ、探求し、明らかにする。
②クライアントの自己発見を促す。
③クライアントの中から生まれてくる解決方法や戦略を引き出す。
④責任を持ってクライアントを守る。

すなわち、プロフェッショナル・コーチとは「クライアントが日常生活やビジネスにおいて成果を得るように手助けするためのオンゴーイングのパートナー」であり、コーチングの過程において、クライアントの「学習・パフォーマンスを上げ、生活の質を高める」役割を果たす人と定義されています。

そのプロセスとして、コーチは、毎回のコーチング・セッションで「耳を傾け、質問を投げかけ、クライアントがどんなことに焦点を当てて話し合うかを決めることにより、クライアン

図表2-1　「教え込む」のではなく「引き出す」のがコーチング

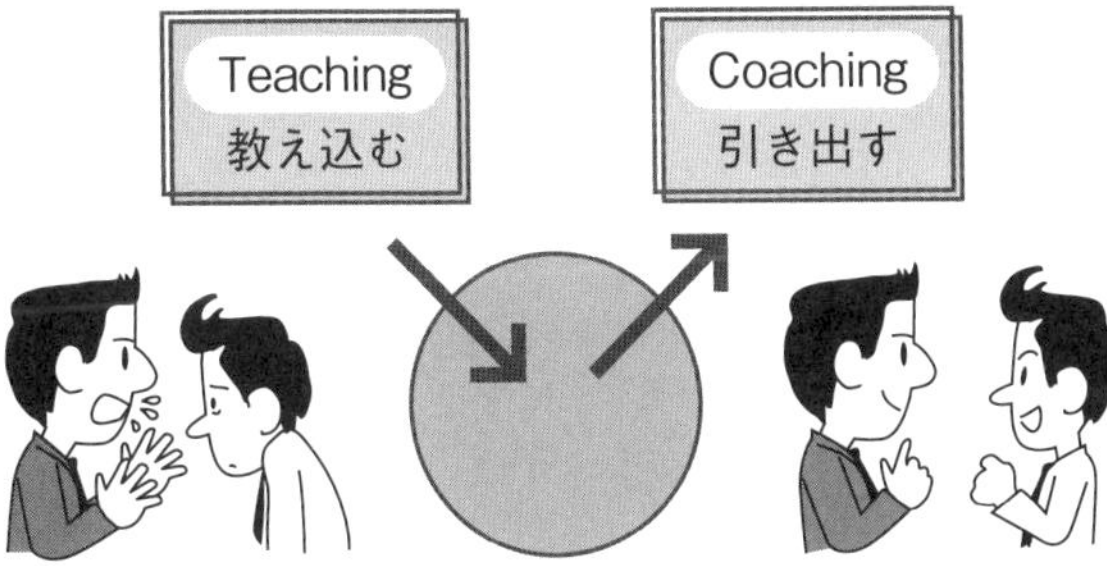

トが行動を起こす」ようにします。コーチングは「幅広い視点を与え、選択肢に気づかせること」で、クライアントの現状と目標、そして自発的な行動に焦点を当てて、それを促進していくのです。

ここではプロのコーチの役割を規定していますが、企業の管理職にも、あてはまる考え方になっています。そして、このＩＣＦの定義は、「コーチ＝馬車」という語源に忠実に則したものと言うことができるでしょう。

2　ティーチングとの比較

本書では、ＩＣＦのコーチングの定義を踏まえつつ、日本の企業社会の中で、管理職や指導的な立場にある人々が、部下・後輩の指導に、コーチングを活用するという文脈で、概念を検討したいと思います。

これまで、企業でも学校でも、典型的な指導方法と言えば、上司や教師が知識や技能を教え込むというティーチングの発想でした。もちろん、ティーチングも重要ですし、特に、相手が新人の場合には、ある程度、手取り足取り、基本を教え込むという期間が必要なことが多いでしょう。

これに対して、コーチングの力点は、一人ひとりの内側にある「可能性、能力、やる気、自発性、責任感、アイディア」などを引き出すところにあります。

「教え込む」のではなく「引き出す」のが、コーチングなのです。

また、ティーチングが「すべての人に対して、同じ内容を同じ方法で伝える画一的なアプローチ」であるのに対し、コーチングは「個々の相手に対して、指導すべき内容と方法を変える個別のアプローチ」と定義することも可能です。

小中学校の四十人学級で、一人の教師が四十人の児童・生徒に対して、同じ教科書を使い、同じ方法、同じ速度で、授業を行なうのが、これまでのティーチングの典型的なイメージです。企業研修の場合にも、講師が一方通行でレクチャーを行なうのは、まさにこのティーチングにあたるでしょう。

＜コーチングの基本的な考え方＞

コーチングとは、

> 人間の無限の可能性と学習力を前提に、
> 相手との信頼関係のもとに、
> 一人ひとりの多様な持ち味と成長を認め、
> 適材適所の業務を任せ、
> 現実・具体的で達成可能な目標を設定し、
> その達成に向けて問題解決を促進するとともに、
> お互いに学び合い、サポートする
> 経営を持続的に発展させるための

コミュニケーション・スキルです。

これに対して、コーチングは、一人ひとりのニーズや性格に合わせて指導のパターンが変わります。

たとえば、「まじめだが、接客の際に笑顔が少ないAさん」に対しては、本人の接客をビデオ録画して見せるのが効果的かもしれません。他方、「人あたりは良いが、基本的な伝票の処理ミスが多いBさん」に対しては、チェックリストを渡したり、確認作業を習慣化させる方法が適当と言えるでしょう。

日本の多くの管理職は、ティーチングについてはイメージしやすいので、これと対比する形でコーチングの説明をすると、わかってもらいやすいようです。

上記は本間著『入門ビジネス・コーチング』（P

HP研究所）の中でまとめ、以来、数百社の研修で運用し、その有効性を確認し、さらに補足してきたコーチングの定義です。

これ自体はずいぶん長い定義ですが、そのエッセンスは、「**信**」「**認**」「**任**」という、漢字三文字に集約されます。

(1) 信

「信」という漢字には「人間の無限の可能性を信じる」という意味と「上司・部下の間に信頼関係を築く」という二つの意味がこめられています。

つまり上司が部下を信頼し、同時に、上司が部下から信頼を受けていることが、コーチングが機能する重要な前提条件になります。どんなに立派なアドバイスをしても「あの上司の言うことなんて聞けるか」という状態では、コーチングは功を奏しません。

そして、部下をどれだけ信じられるかは、上司としての人間的度量が試されるポイントです。もちろん、信じると言っても、相手の実情を見ないで非現実的な期待を抱くのではなく、平素からメンバー一人ひとりの様子を観察し、適性を評価して、現実的な信頼を寄せるのが上司の役割なのです。

図表2-2　コーチングのエッセンスは「信」「認」「任」

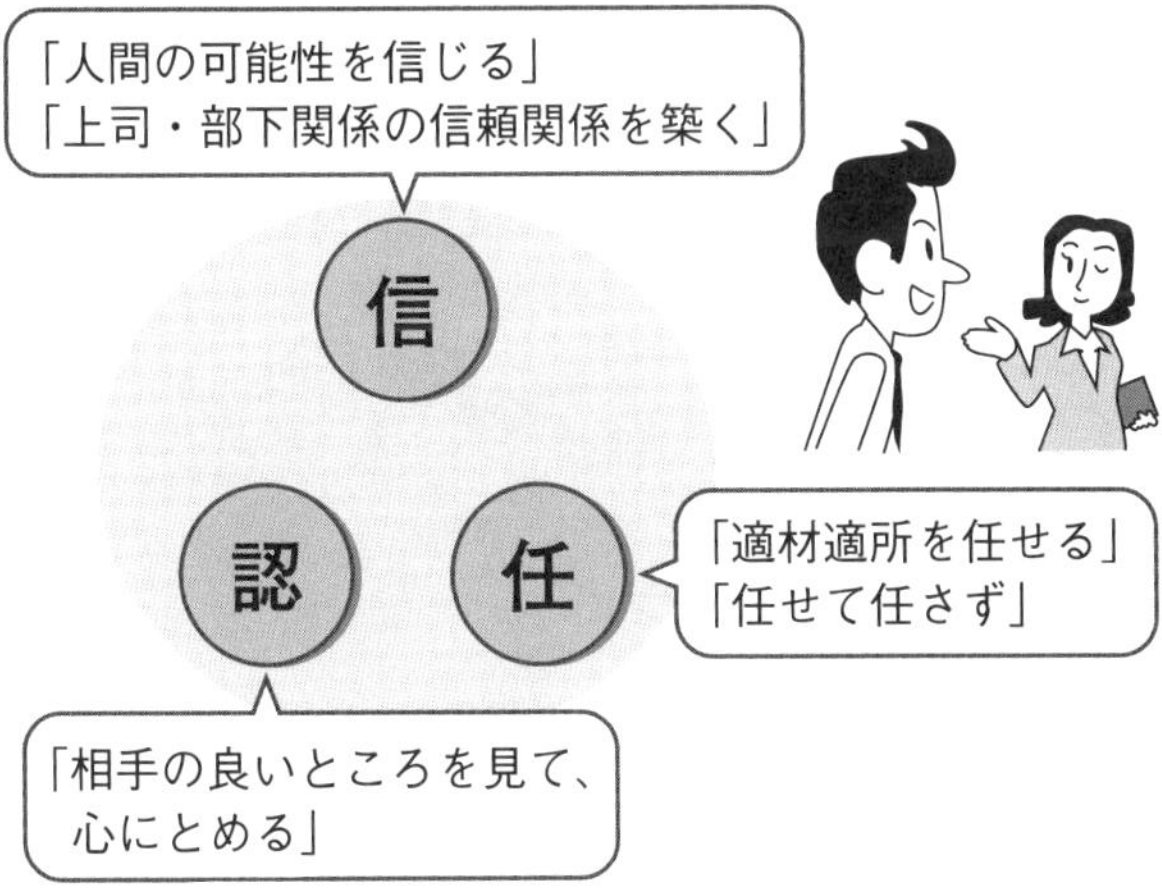

部下を信じられない上司は、部下に適材適所の仕事を任せることはできません。つい自分で仕事を抱え込むプレイングマネジャーにはこの傾向があるようです。しかし、それでは、チームの発展に限界が出てしまいます。

また、相手を信頼することと同時に、相手からも信頼を受けることが不可欠です。「信」という字は、「にんべん」に「言う」と書きますが、言動と行動の一致が前提になります。東洋においては**「言行一致」**、つまり、言っていることとやっていることが一致していないと、信頼を築くことができません。ちなみに、英語で信頼はconfidenceと言いますが、これは「秘密を共有できる」という意味です。言行一致も口が堅いことも、どちらも大切な資質と言えるでし

図表2-3　信頼の階段

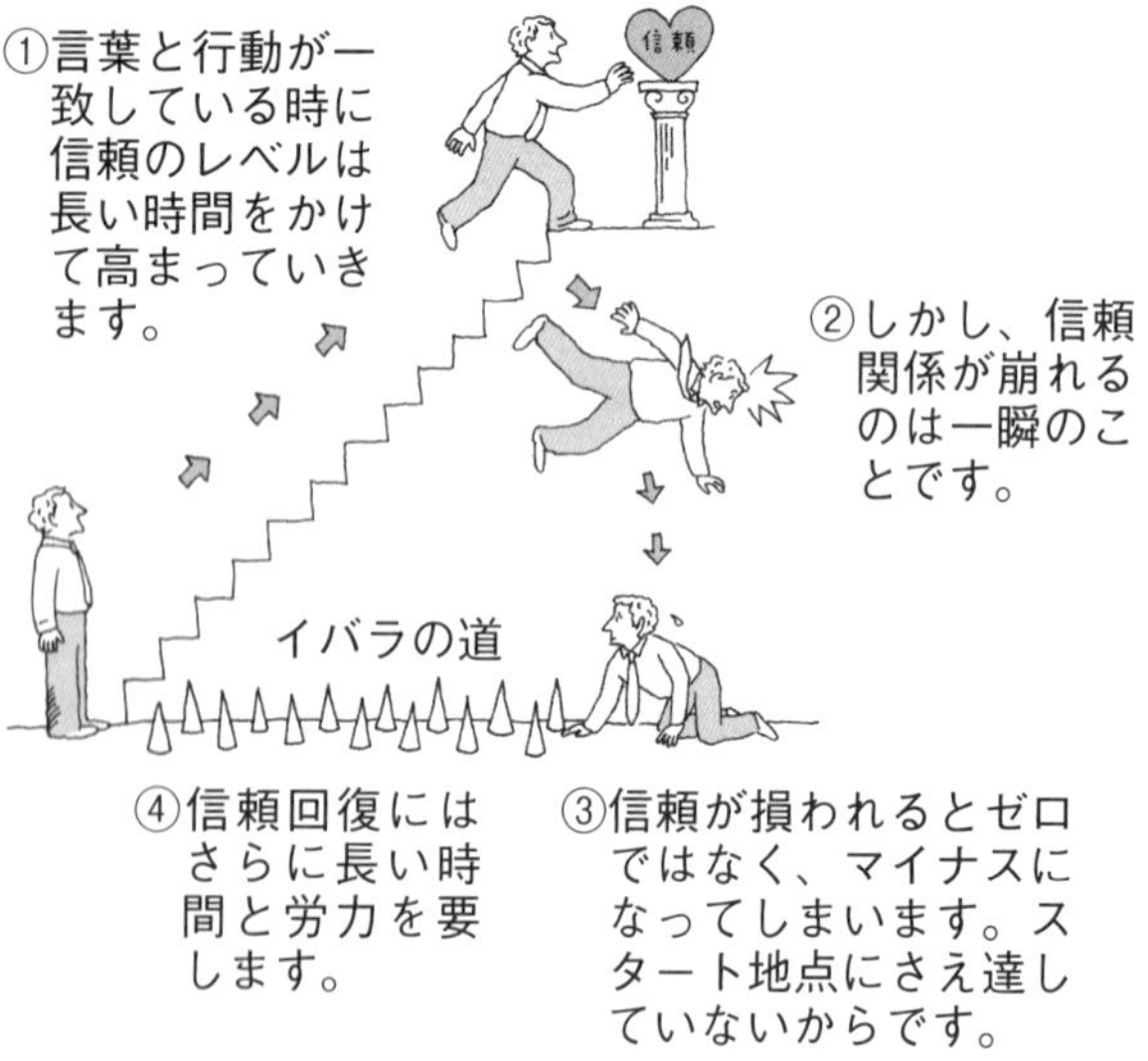
信頼
①言葉と行動が一致している時に信頼のレベルは長い時間をかけて高まっていきます。
②しかし、信頼関係が崩れるのは一瞬のことです。
イバラの道
④信頼回復にはさらに長い時間と労力を要します。
③信頼が損われるとゼロではなく、マイナスになってしまいます。スタート地点にさえ達していないからです。

ょう。

私のコーチング研修では、「ブラインドウォーク」というエクササイズが定番になっています。二人組をつくり、一人が目をつぶり、一人が介助して歩くのですが、最初は、相手に対して「不信感」を感じていないまでも、「不安感」を抱いている場合が多いのです。

しかし、介助者の指示に従って、二分経ち、三分経つにつれて、信頼のレベルが高まっていくのです。つまり、「**信頼の階段**」は、一歩ずつしか上ることができません。「私が介助するから信頼するように」と命じたところで、いきなりジャンプはできないのです。

そして、信頼を築きあげるのは時間がかかる一方、信頼関係が壊れるのは一瞬のことです。介助者がうっかりして、目をつぶった人が壁にぶつかったりすると、一瞬にして信頼は壊れてしまいます。その後は、介助者が何を言っても、どこか信じきれない気持ちになってしまうのです。

そして、一度壊れた信頼関係を回復させるためには、莫大な時間と労力が必要となります。そのためにも、上司やリーダーは、言行一致を心がける必要があるでしょう。

このブラインドウォークは「信頼の重要性」を、頭で理解するだけでなく、体で実感でき、目標地点まで一緒に進んでいくというコーチングの本質を体験できるエクササイズなので、体験型研修の中で定番になっています。

(2) 認

「認める」という動詞は「相手の良いところを見て、心にとめる」、つまり「見＋とめる」が語源です。他方、相手の欠点や短所、悪いところに着目することは「見とがめる」と言います。

仕事のよくできる上司は、ついつい部下の欠点やミスに目を向けてしまいやすいものです。だからこそ、一人ひとりの持ち味や長所を、意識して探し、そこを伝えていくことが大切です。

そして、ちょっとした進歩や成長を、言葉に出すこと、つまり「ほめ活かし、ほめ育て」が効果的です。

「今のお客さまへの電話の応対、好感度高かったよ」

「君、もうこのレポートできたのか。手際がいいなあ」

などと、細かく、具体的に、タイミング良く、心をこめて、伝えるのが、ほめ上手のポイントです。

ただし、事実でないことを、あたかもほめるように伝えるのは、「おだてる」「ほめ殺し」になってしまいますから、部下の仕事ぶりをしっかり観察して、ほんとうのことをほめるのが大切です。したがって、ほめ上手のポイントは、観察力にあると言えるでしょう。

(3) 任

チームの業績をあげていくためには、適材適所の役割を割り振り、一人ひとりの実力に合った目標を設定して、任せることが大切です。「適材適所」は、マネジメントで頻繁に使われる用語ですが、定義はきわめて曖昧《あいまい》でした。

実は、個人から見た場合と、組織から見た場合では、同じ「適材適所」という言葉の意味が違うのです。

個人にとっては、「あの頃の私は一番、自分に向いた仕事をしていたなあ」などと、事後的に主観的に回想するものです。ところが、企業から見た場合には、結果論では困ります。事前に客観的な基準が必要なのです。つまり「あるポストに、ある人を配置した時に、組織に対してどんな貢献をするか」、これを経済学用語では「期待収益」と言いますが、「期待収益を最大化する人材配置」が適材適所なのです。

詳しくは本間著『適材適所の法則』（ＰＨＰ研究所）に譲るとして、成果主義の高まりとともに、個人の希望と組織の利害が矛盾するケースが増えてきているので、これまで以上に「適材適所」を重視したマネジメントが必要になってきているのです。

3　コマンディングからデレゲーションへ

さて、あらゆる業務上の判断を、部下に委ねず、「君はこうしろ、こうするな」と一方的な指示命令に終始する上司を時々見かけます。

このようなマネジメント・スタイルを「**コマンディング**」（commanding）と言います。このように機敏な対応は、火事場や緊急の場面では有効です。しかし、長期的に、部下を育成する観点からすると、こればかりでは困りものです。言われたことだけはしぶしぶやるけれど、自発性の乏しい「指示待ち族」になっていってしまうからです。

現代の組織の中で必要とされるのは、自分で考え、自分で目標を立て、自分で工夫していくような自立型(自律型)の人材です。そうした主体性を引き出すためには、「任せる」(delegation)発想が不可欠なのです。特に、自分で仕事を抱え込むタイプの上司は、手放せる仕事はどれか、どの仕事をいつ、誰にどこまで任せるかを考え、実施することで、生産性を高めていくことができるでしょう。

特に、経営のスピードを上げていくためには、現場で臨機応変な対応ができる人材の育成が不可欠です。いちいち、上層部にお伺いを立てているようでは、顧客満足度の向上など、望むべくもありません。また、現場で、細かい実務的な改善が積み重ねられていくことが、業種の如何《いかん》を問わず、競争力の源泉になるのです。

ただし、新しい職務やプロジェクトを任された直後は、不安な気持ちになるものです。そこで、任せっぱなしにするのではなく、任せた後、心理的なフォローのコミュニケーションをとりたいものです。

図表2-4　目標管理には3つの段階

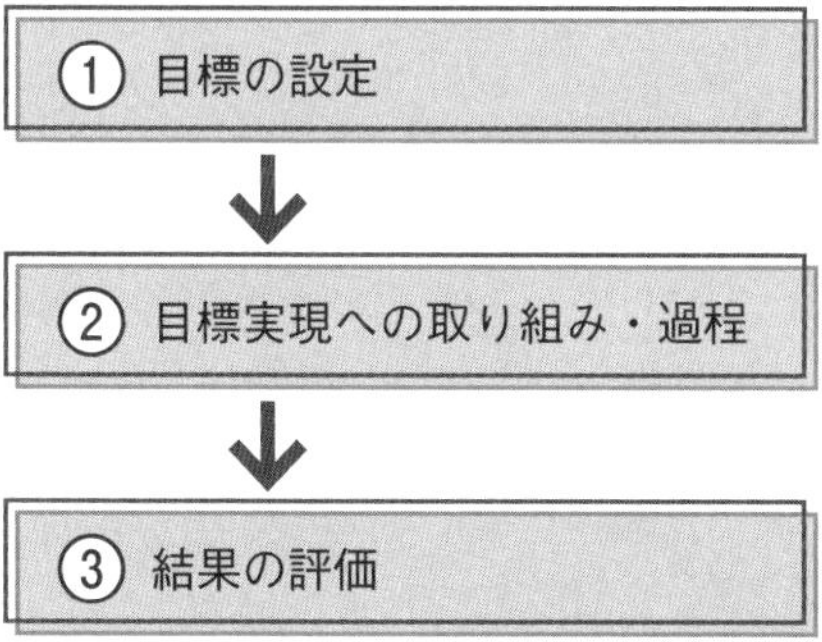

質問を投げかけることにより、相手の状況を把握し、相手の気持ちを聞き出すことが大切です。一言で言えば、「任せて任さず」が、効果的なデレゲーションのポイントと言えるでしょう。

4　目標管理とコーチング

現在、多くの企業が**「目標管理制度」**を導入していますが、かけ声倒れに終わっているケースが少なくありません。本来、目標管理制度は、(1)**設定**、(2)**過程**、(3)**評価**の三つのステップで考える必要があるのですが、うまくいっていない企業では(3)の評価の部分だけがクローズアップされています。

与えられた目標値に照らして、九五%だからダメだとか、一〇一%だからよくやった、とか、結果だけに一喜一憂するパターンです。

もちろん、良い結果を残すのは重要ですが、結果ばかりを追求すると、その次のフェイズでは、目標達成を逃してしまう場合もよくあります。では、どうしたらよいのでしょうか？

最も大切なのは、適切な目標設定であり、ここでコーチングを活用するのが、決定的に重要だと考えます。

(1)上下のギャップを埋める

目標の設定の方法には大きく二通りあります。

一つは「上から考える発想」ですが、これは会社全体の売上目標が、各営業所ごと、部課ごと、個人ごとというように「割り算」で算出され、割り当てられます。営業だけでなく、事務や製造部門でも、同様に、会社全体の「業務量」「作業工数」が、「割り算」で上から降ってくるわけです。また一年間の目標が、四半期の目標、月次の目標、今日の目標というように、時間軸でも割り算されて、あてはめられていきます。

他方、「下から考える発想」とは、各営業所や個人の実績を基に、「足し算」で積み上げた算定基礎です。チームのアウトプットは、一人ひとりのアウトプットの総和になります。一週間

図表２-５　目標設定時の「ギャップ」

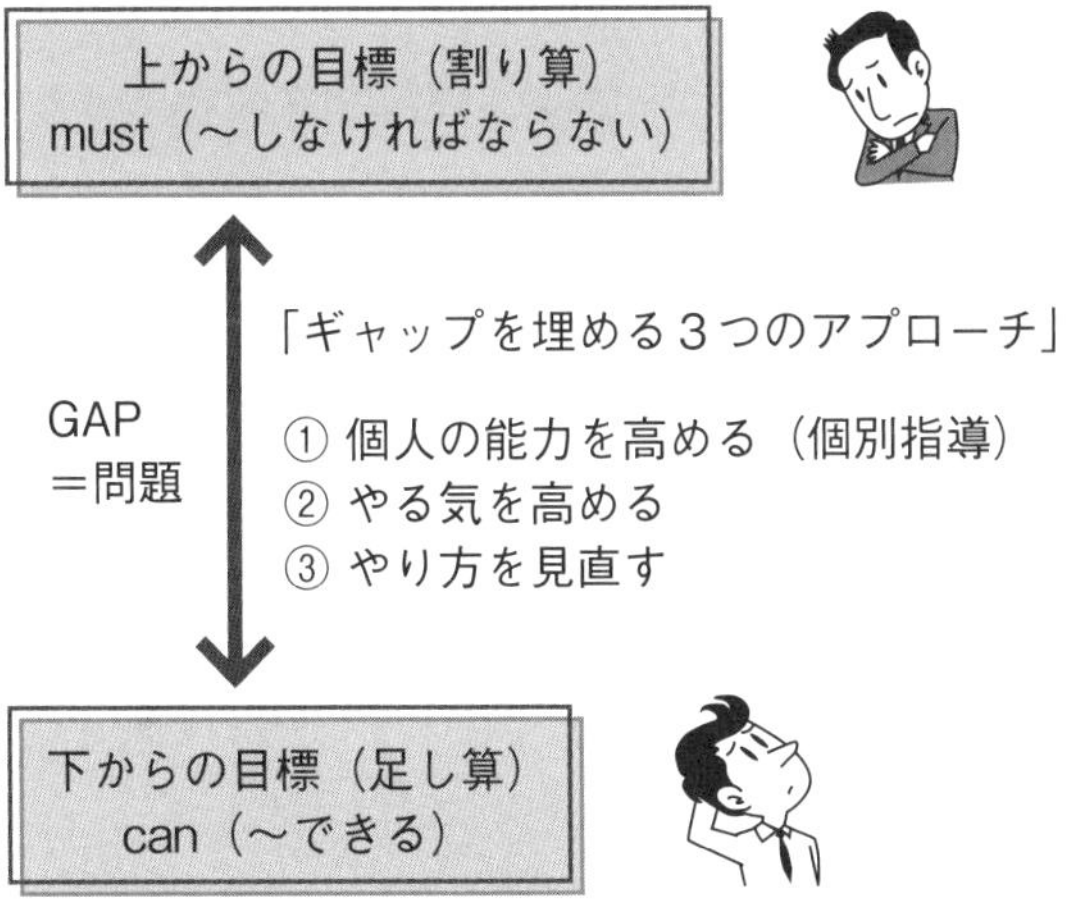

の実績は、「月曜日から金曜日まで（あるいは日曜日まで）」の実績を加算した合計になるのです。

この両者が一致すればいいのですが、そこには往々にしてギャップ、すなわち**「問題」**が存在します。一般に、問題解決手法のテキストでは、問題とは**「理想と現実とのギャップ」**と定義されていますが、目標管理の文脈では、「上からの割り算の目標」と「下からの足し算の目標」の間にギャップがある時に、これを「問題」と言うわけです。

言い換えれば、会社からの期待値「must」と自己申告の「can」の間にギャップがあるということなのですが、こんな場合、部下は「can't」、「こんな無理な目標できっこない」と感じるのです。このギャップを放置したままで、「目標を達成しろ」「とにかく頑張れ」と言うばかりでは、部下のモティベーションは高まりません。本人が「無理だ」と思い込んでいては、目標達成は難しいでしょう。これが、目標管理制度が機能しない場合に、最もよく見受けられるシナリオです。

したがって、目標設定の段階で、このギャップを縮めておくことが、きわめて重要です。しかし、中間管理職の立場では、上からの期待値を「下方修正」する権限を与えられていないのが一般的です。残された道は、下からの算定基礎を「上方修正」する道しかありません。ただし、「なせばなる」「やればできる」という気持ちになれば、can の水準は主観的に高めていくことが可能です。

では、どのようにすればよいのでしょうか?

⑵三つのアプローチ

上から与えられた目標と下からの現実的な算定基礎のギャップを埋めるために、コーチングでは、三つの代表的なアプローチがあります。

第一の方法は**「個人の能力を高める」**というものです。職場によって求められるコンピテンシー（職務遂行能力）は様々です。総務、営業、製造、品質管理、購買など、部や課によって、必要とされる能力の種類は異なります。

また、同じ職場に配属されても、Aさんは「商品知識が豊富だが、接客が苦手」、Bさんは「セールストークが得意だが、知識は曖昧」というように、一人ひとりに得手不得手があるものです。こうした違いを無視して、全員一律の画一的な指導（ティーチング）を行なうことには、限界があります。各人のニーズに合わせた個別指導、つまりコーチングが有効なのです。

たとえば、Aさんには、接客のロールプレイが効果的でしょうし、Bさんに対しては、正確な知識を習得してもらうために研修に参加させたり、競合他社の商品と比較する一覧表を作成させたりする指導を行なう方法もあるでしょう。

第二は**「やる気を高める」**というアプローチです。仕事のパフォーマンスは、気の持ちようで大きく変わります。個人の能力向上には、ある程度の時間がかかるものですが、「部下のやる気」は、上司のちょっとした一言で、短期間に上下変動します。

うまくやる気を引き出せば、自分の能力を一二〇％発揮できる部下もいるでしょうし、実力があるのに、やる気が低いために、結果を残していないメンバーも少なくありません。上司としては、「ほめる・認める・叱る」といった多彩なスキルを、状況に応じてうまく使い分けることで、めりはりのある指導を行ない、部下のやる気を喚起することが求められています。

第三に**「やり方の見直し」**が効果的な場合があります。つまり個人の能力もやる気も高めたのに成果に結びつかないような時は、仕事のやり方に問題がないかを再点検します。この作業は上司と部下が力を合わせ、ともに問題に対処する形で行ないます。上司が質問することで部下に考えさせ、答えを引き出すことが重要です。

第6章で述べる**GROWモデル**は、こうした「やり方の見直し」に役立つ、コーチングの一つの典型的な進め方と言えます。

以上三つのアプローチをとることにより、目標設定の段階で、能力開発の指針を与え、やる気を高め、やり方も改善しておけば、かなり高い目標でも「それならできる」「そういう目標なら達成したい」という気持ちでスタートすることができるでしょう。「自分の目標だ」という自覚（ownership）も湧いてきます。逆に、ただ上からの目標や数字を押しつけて、頑張れというだけでは、「どうせこんなの達成できっこない」という消極的な姿勢になってしまいます。

「目標管理」と聞くと、結果の数字にばかり目を向けてしまいがちですが、ほんとうは「人の問題」であることを認識することが大切です。設定、過程、評価という全体の流れを見通し、人とプロセスをマネジメントすることで、良い成果はあとからついてくるものなのです。

第3章

傾聴のスキル

1　コーチング・スキルとは

一般にスキルとは「物事をうまくこなすことができる人が自然に行なっていることを認識可能な単位に分けたもの」と定義することができます。

「彼は料理がうまいから、彼のやり方を見習いたまえ」と漠然と言われても、どこをどう見習ったらよいのか見当がつきません。料理のスキルと言えば、包丁さばきとか、火加減、味付け、盛り付けなどを含みます。「彼が、キャベツの千切りをしている時に、左手の親指をどう使っているかよく見ておくように」と言えば、そこに注目することができ、技量が向上する可能性が高くなるでしょう。

つまり、「名前」をつけることにより、初めて具体的な認識が可能になり、その技に磨きをかけることができるようになるのです。

コーチ・ユニヴァーシティなどでは、プロのコーチになるためには、約百種類のスキルが必要であるというのが通説になっています。ただし、スキルの数え方や分類の仕方にはかなりばらつきがあります。細かく数え上げれば無数に存在すると言えるでしょう。ただ、むやみに種

図表３-１　コーチングで特に重要な３つのスキル

類を増やすと、煩雑になり、学習効率が低下します。
　本書では、組織の管理職を主たる読者対象と想定していますので、日本企業のマネジャーにとって学びやすい数と体系に整理することに留意したいと思います。
　そこで重要なものとして、「傾聴」「質問」「承認」の三つに力点を置いて、できるかぎり実践的に解説していくことにしましょう。

2　聴く力が人間力

「コミュニケーション上手は聴き上手」「聴く力こそが人間力」と言われています。

　皆さんの周りにも、口数は決して多くはないけれど、丁寧に相手の発話を促し、安心感を与える「聴き上手」の人がいませんか？　「聴く力は人徳に比例する」と言われるほど、コーチングのスキルの中で、最も重要でかつ奥が深いのが、「傾聴」のスキルと言えるでしょう。

コミュニケーションを図る上で、「話す力」ももちろん大切ですが、話している時には、自分のリズム、自分のペースを保つことができるので、心理的には楽な面もあります。

会話をキャッチボールに例えるとしたら、「話す」側のピッチャーが、球を投げるタイミングや球種を決めることができるということです。一方、「聴く」のは、ミットを構えたキャッチャーのイメージです。しかも、どのタイミングで、どの方向へくるかわからない球を、しっかりと体をはって受け止めることが求められます。時にはワンバウンドの球であっても、後逸せずに捕球しなければなりません。

会話においても同様のことが言えるでしょう。「聴く」とは、話す相手の呼吸やタイミングを推し量り、自然とペースを合わせるという心の余裕が求められるのです。ですから、一生懸命、人の話を聴くと疲れます。一方通行のレクチャーが続くと睡魔に襲われるのは、相手に合わせ続けるのは、心理的エネルギーの消耗が著しいためでもあるのです。

しかし、人の上に立つ人にとって、「聴く力」は決定的に重要です。古代中国の王や皇帝が政務を行なうことを**「聴政」**と言いました。宰相以下の臣下の場合には「執政」と言いますが、帝王の場合には「民の声、天の声を聴く」のが役割ということで「聴政」という表現を用いたわけです。

平素からお忍びで市場などに出かけて、民衆の不平不満や要望に聴き耳を立てる。重要な判断に迫られた時には、亀の甲羅を火であぶってひび割れの模様によって吉凶を占い、天の声を聴こうとしたのです。このように「天声人語」に耳を傾けるために造成された建造物を「廳」と呼びました。確かに、「王様が聴くための建物」という漢字の成り立ちになっています。

ちなみに、この文字は、後世、大幅に簡略化されて「庁」という字になりました。現在の官庁が、どれほど国民の声を聴くことにエネルギーを注いでいるかは疑問ですね。

組織の管理職は、王様や皇帝ではありませんが、良い上司として信望を集めている人には、「聴き上手」な人が多いのではないでしょうか？

3　「聞く」と「聴く」の違い

まずは、皆さんが普段、職場で気づかぬうちにとっている「コミュニケーション」を振り返ってみましょう。たとえば、部下が報告や相談に来た時、次のような対応を無意識のうちにしていることはありませんか？

図表3-2　「聞く」と「聴く」は違うもの

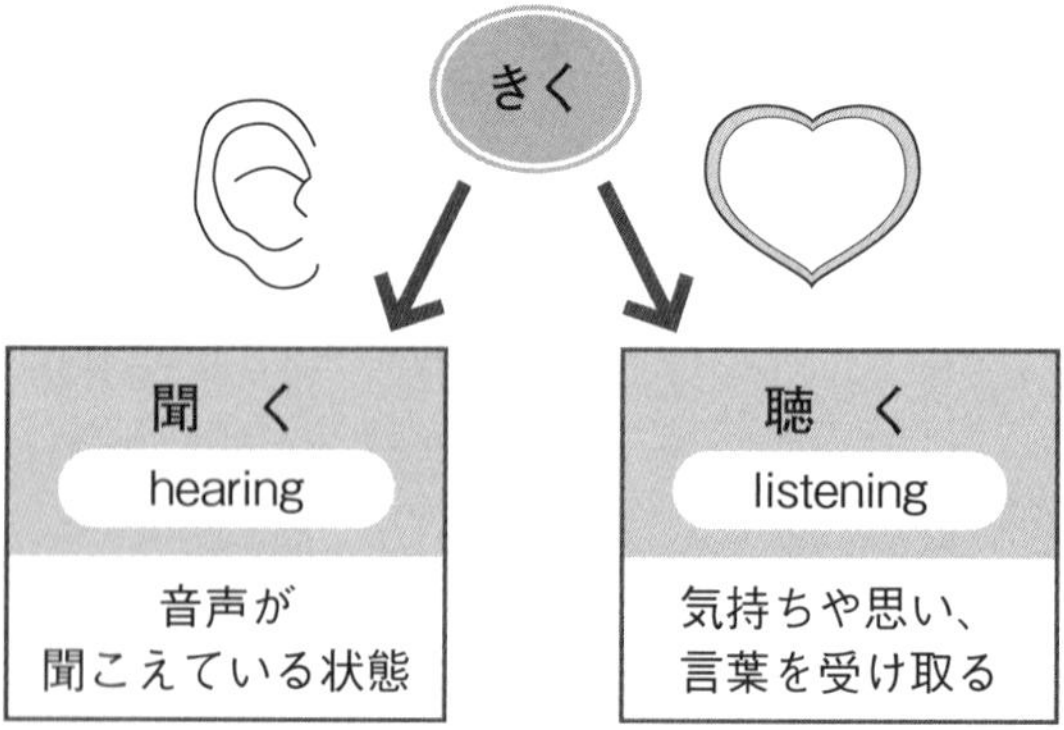

・パソコンの画面や手持ちの書類を見ながら、「ながら動作」で「聞く」。
・相手の説明の途中で「つまり、こういうこと」と自分の解釈を挟む。
・そっけないあいづちや機械的なうなずきで「空返事」をしてしまう。
・相手の表情を見ないで聞く。
・話の途中で、「こうすればいいじゃないか?」と問題解決やアドバイスに走る。
・相手の話を早く終わらせようとして、自分から結論づけてしまう。

忙しかったり、気持ちに余裕がなかったりすると、つい相手に対して無関心な聞き方になってしまうことがあるでしょう。しかし、これでは自分では「話を聴いた」つもりでも、相手からは「聴いてもらっていない」と思われて、気持ちのすれ違いが生じてしまいます。

仮に、必要な情報を受信したとしても、それだけで「聴いた」とは言えません。自然と音声が耳に入ってくるのは**「聞く」（hearing）**です。そうではなく、相手のほうに意識を向けて、**「聴く」（listening）**必要があるのです。音だけではなく、相手の声を、言葉を、そして気持ちを聴き取るのがコーチングにおける傾聴の基本なのです。

4　傾聴の五つのポイント

それでは、傾聴の際に心がけるべきポイントを「かきくけこ」の五項目に整理して、解説してみましょう。

(1)「か」：環境を整えよう
(2)「き」：キャッチャーミットを準備しよう
(3)「く」：繰り返し、あいづち、うなずきを入れて
(4)「け」：結論を急がない
(5)「こ」：心をこめて

図表3-3　座る位置と姿勢

(A) 向かい合って座る

(B) 机を挟んで座る

(C) 90度で座る

(D) 「ハ」の字で座る

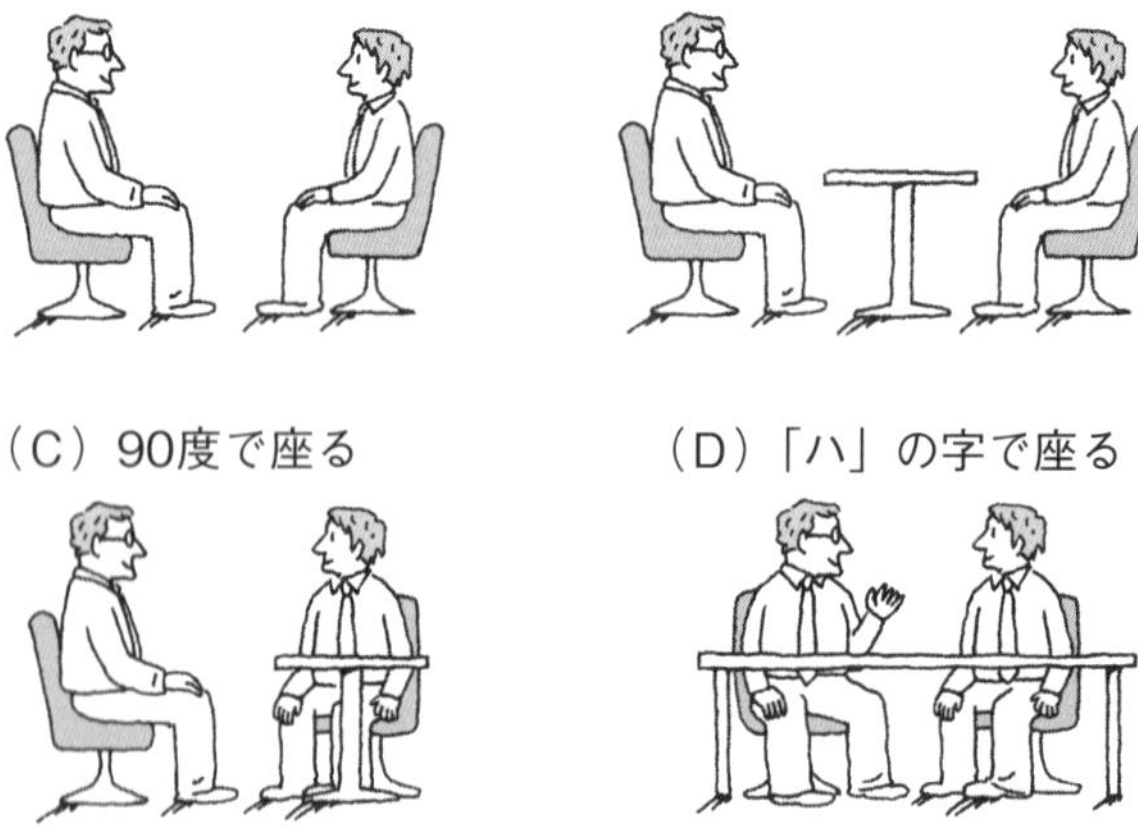

(1) 「か」：環境を整えよう

上司や管理職のボディランゲージは、自分が意識している以上に、相手（部下）に与える影響が大きいものです。会話を始める前に、座る位置や姿勢もチェックしておきましょう。

図表3－3を見てください。まず、（A）の向かい合って座るポジショニングは、お互いに気まずい感じで、居心地が悪いですね。正面で対面するのは、緊張度の高まる位置関係です。そうすると自然に腕組みをしてしまう人が多いのですが、腕組みは「防衛的な反応」の典型です。

（B）のように間に机を挟むと多少は緊張が緩和されます。ただし、これでも労使交渉などのイメージで、あまり友好的な位置関係とは言えません。机のおかげで多少は守られている感じもあるのですが、それでも「対立」「対決」というメッセージを与えてしまいます。

（C）の90度という位置関係になると、比較的話しやすくなります。目のやり場にも困りません。「徹子の部屋」は、まさにこの配置ですね。相手の本音や「何を話したいのか？」を聴き出すコーチングをする場合にはおすすめです。

（D）のように、テーブルの同じ側面で、椅子の向きをやや内側に向け、カタカナの「ハ」の字に座るのもコーチングには適した位置関係です。これならば、目のやり場には困りません。バーや寿司屋さんのカウンター席が、打ち明け話の舞台になるのは、アルコールの効果だけではなく、位置関係の影響もあるのでしょう。自動車の運転席と助手席、列車で隣どうしに座った時など、移動時間もコーチングのチャンスです。

また、（C）や（D）で、書類や紙を間に置いて話すのも、コミュニケーションの環境整備に役立つ場合があります。「情報」を共有しながら効果的な話し合いができることもあるでしょうし、何か問題が発生した時に、相手を責めるのではなく、その原因を客観的に分析して、冷静に話し合う効果をもたらす場合があります。

**図表３－４　相手の話を受け止める
キャッチャーミットを準備する**

ステップ①
相手の話を
最後まで聞く
自分と異なる
意見
ステップ②
相手の話を
受け止める言葉を
準備しておく

(2)「き」：キャッチャーミットを準備しよう

刻々と変化する状況の中で、短時間に的確な判断を下せることは、管理職にとって大切な能力の一つです。このような問題解決能力や判断力は、学校教育の中でも重視され、企業組織の中でも研修の中心的なテーマになってきました。ところが、この判断力が、聴く力を阻害しているケースが少なくありません。

つまり、部下が、意見を述べたり、提案をしてきた時に、つい「ここが違っている」「それじゃあ意味がない」「それは無理だ」などと、最終判断を告げるような発言をしてしまう上司をよく見かけます。

せっかく部下が前向きな姿勢を示している時に、出鼻をくじいてしまっては、元も子もありません。これでは、ピッチャーの投げたボールをバットで打ち返しているようなものです。

では、頭ごなしに否定しないためには、一体どうすればよいのでしょうか？　まずは、相手の話を最後まで聴く姿勢を持つことです。キャッチャーがボールから目を離さないというのが、ステップ1です。しかし、ただ「相手の話に最後まで耳を傾ける」というだけでは精神論になってしまいます。

そこで、ステップ2として、キャッチャーミットにあたる言葉を準備しておきたいものです。「なるほど」「面白い視点だね」「そういう風に考えたことはなかったなあ」など、スムーズに口をついて出てくるフレーズのレパートリーを増やしておくとよいでしょう。その際、見えない努力の部分を受け止めて、承認の言葉を添えるとさらに効果的です。後述する「承認のスキル」にもつながりますが、部下の努力をねぎらう気持ちを伝えることで「受け止めてもらった」という印象を与えることができます。

たとえ、結果としては、不十分な提案であったとしても、「努力のあとがうかがえるな」「ここまで準備してくれてご苦労さま」など、プロセスを評価する言葉を伝えるのは、現場にいるマネジャーしかできないことなのです。

不十分な点を軌道修正するのは、その後、ステップ3ということになります。わかりやすさのために、三段階に分けて説明していますが、通常の会話としては、ほんの数十秒のことでし

図表3-5　アクティブ・リスニングの3要素

繰り返し

・相手が強調している言葉を繰り返す
・重要な情報を復唱

あいづち

・抑揚をつけ、パターンを変えながら短くあいづち

うなずき

・相手の話のペースに合わせて首を上下に

よう。相手が投げたボールをいったん受け止めてから、どんなボールを投げ返すのか、このタイミングでこそ、持ち前の判断力を活用していただきたいものです。

(3)「く」：繰り返し、あいづち、うなずきを入れて

相手の発話を促す**アクティブ・リスニング（積極的傾聴）**の三要素は、「**繰り返し、あいづち、うなずき**」です。

まず、「繰り返し」ですが、相手の話のポイントとなる言葉をオウム返しにすると、話し手は、しっかりその言葉と気持ちを受け止めてもらった安心感を抱きます。

部下が「顧客満足度が七ポイント向上しました」と報告した時に、「あっ、そう」と言うだけの上司と、「おー、七ポイント向上したのか」とリピートしてくれる上司がいた場合、どちらが部下の信頼を得ることができるでしょうか？

活字では、語気やイントネーションは表現できませんが、「あなたの話をちゃんと受け止めました」という気持ちをこめて、相手の言葉で強調したい部分を繰り返します。同じ言葉を反復しても「たった七ポイントしか改善しないのか」なのか、「七ポイントも改善したとは、すばらしい」なのか、声のトーンや顔の表情によって、伝わるメッセージは大きく変わるからです。

また職場では、重要な情報を声に出して「復唱」し確認することが、誤解や報告漏れを防ぐ最も有効な方法の一つである場合も多いでしょう。情報の正確な共有を促進するために、大切なことは自然に繰り返す習慣をつけておくとよいでしょう。

次に「あいづち」ですが、先に述べたキャッチャーミットよりももっと短い音でも、「ちゃんと、あなたの話を聴いています」というメッセージを伝えることができます。「はぁ～ん」「ふぅ～ん」「へぇ～」「ほぉ」など、「ハ行」の長音は「あいづち」の定番です。ですから、決して難しい技術というわけではないのですが、あえて、コツをあげるとすれば、「声に表情をつけること」が大切です。つまり、効果的に抑揚をつけ、パターンに変化を与えることで、短いあいづちでも、相手に「話を聴いてもらっている」という安心感を与えることができます。

逆に同じリズムで、「ふぅ～ん」というワンパターンが続くようでは、「この上司はほんとうに聴いてくれているのかな」と不安な気持ちにさせてしまいます。また「はい、はい」というように二度、三度と同じ「あいづち」を繰り返すと、せっかちな印象を与えるでしょう。相手によっては、自分が大切にされていないように感じるかもしれません。

そして最後に「うなずき」ですが、これは、相手の話のペースに合わせて、自然に相手の目を見ながら、首を上下に動かすことです。うなずくことで、まるで「手押しポンプ」が水をくみ上げるように、相手の内側から言葉や気持ちを「引き出す」ことができます。コーチングは「教え込む」ことではなく、「引き出す」コミュニケーションですから、「うなずき」は、まさに基本中の基本スキルということができます。「うなずく」という動詞には、「肯定する」という意味も含まれていますが、頭ごなしに否定しないで相手の話を聴く時、「うなずき」は不可欠な動作と言えるでしょう。

「目は口ほどにものを言う」ということわざがありますが、「目は耳以上にものを聴く」と言っても過言ではないほど、アイコンタクトは重要です。たとえば、周囲を人が通るたびにキョロキョロするようでは、話に集中していない印象を与えてしまいます。相手の目を凝視し続けるのも不自然ですが、適度に相手の目を見ながら、首を縦に振るアクションがなければ、コミュニケーションはぎくしゃくしたものになるでしょう。

図表3-6　結論を急がない

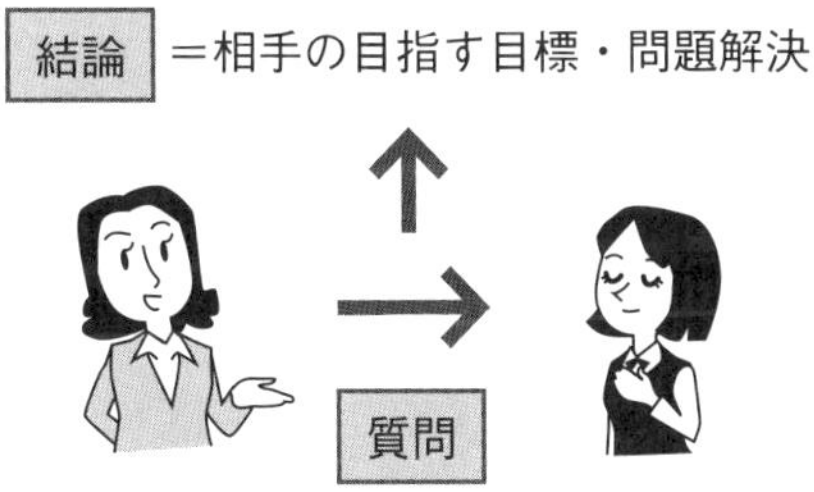

部下に考えさせ、部下から答えを引き出す

人は、無意識のうちに、話しながら相手の反応を確認しています。「繰り返し、あいづち、うなずき」といったリアクションがないのは、「無反応」どころではなく、きわめてネガティブな反応と受け止められます。「傍若無人」とは、「傍《かたわ》らに人、無きがごとし」と読みますが、目の前にいる人をあたかもいないがごとく扱う非礼は、上司・部下関係でも決して許されません。書類やPCに目を落としたままで部下の話を聞くのはNGですね。

(4)「け」：結論を急がない

部下の話を聴くことが重要であることはわかっていても、行動に移すのが難しいことがよくあります。

特に、優秀で頭の回転の速い上司ほど、相手の話の腰を折るように「だったら、こうすればいいじゃないか？」「なんでこうしないんだ？」と、解決策を提示する**「ソリューショ**

ン・モード」に入ってしまう傾向があるようです。部下の状況説明が始まるやいなや、問題解決回路のスイッチが入り、話の展開がまどろっこしく感じられます。過去の経験や他の事例などからベストの解決策を思いついた時に、それを言わずに我慢するのは、容易なことではありません。

しかし、いつも上司が「正解」を教えてばかりいては、いつまでたっても部下は自律的人材に育つことはないでしょう。それどころか、部下には上司に対する依存心が高まり、自分で物事に対処しようというやる気はそがれて、指示待ち族を作ることになってしまうのです。

後述する「質問のスキル」を活用して、部下に考えさせ、部下から答えを引き出していくのが、コーチングの基本。そのためには、仮に頭の中でその状況でどの打ち手がベストか、正解が見えていたとしても、結論を急がず、いったん相手の話に最後まで耳を傾けましょう。特に、個人的な悩み事を相談されたような場合には、解決策云々よりも、「話を最後まで聴く」ことが最も重要です。

もちろん、スピーディーな判断が求められる緊急の場面では、即断即決が不可欠です。火事場では、コーチングではなく、明確な指示・命令、すなわち「コマンディング」が役に立ちます。しかし、部下の能力を高め、やる気を引き出すべき局面において、コマンディングばかりでは、困りものです。

とりわけ、部下の欠点が目につく傾向を自覚している上司は、つい、自分自身の問題解決能力を発揮することで、心理的に優位な立場を得ようとするゲームにはまってしまうことが多いので、意識して「繰り返し、あいづち、うなずき」を多用することをおすすめします。

(5)「こ」：心をこめて

相手の話を聴きながら、頭の中で「自分はそう思わないなぁ……」「自分だったら、きっとそうしない……」と相手との「違い」を見つけてしまうことはないでしょうか？　認知心理学的に「違い」が認識のベースになることは、やむを得ないことです。しかし、違いばかりに注目していては、相手との心理的な距離が広がってしまいます。

「聴き上手」の重要なポイントは、会話の中で、相手との小さな共通点を探しながら、心をこめて聴くことです。そして、共通点を見つけたら、心のこもった言葉を口にしたり、共感の姿勢を顔の表情に出すと、共感の輪が広がります。

ただし、「あなたの気持ちはよくわかります」という常套的な台詞を口で言ったところで、「私の気持ちは誰にもわからない」と思いつめている人は、木で鼻をくくった印象を持つだけです。

口先で同情されても、うれしいとは感じられないものです。

むしろ、自分の話を最後まで聴いてもらい、自分の状況を的確に理解してもらえたという手応えのほうがほしい場合が多いのではないでしょうか。「自分がどう感じているか同じ気持ちになってもらう」ことよりも、「自分がそういう気持ちを持っていることを理解してもらう」ことのほうが、現実的ですし、ありがたいと感じられるものです。

この際、上司としては、「相手の問題を解決しなければならない」と思い込む必要はありません。むしろ、相手の話を最後までじっくり聴くことに専念したほうがよいでしょう。問題そのものは解決しなくても、自分自身の存在を受け止めてもらったということで、心の中がすっと軽くなり、気持ちの整理がつく場合があります。

他方、聴く側にとってはある程度の忍耐力が必要です。自分とは異なる相手の思考や話のリズムに合わせるために、心理的エネルギーが大量に消費されるからです。

さらにプラスアルファとしては、相手の話を共感的な態度で聴きながら、相手が表現していない気持ちを言葉にして伝えていくと、本人が気づいていなかった課題や解決の道筋が浮かんでくる場合があります。

プロのコーチを養成する機関では「鏡のようになって聴く」というレトリックをよく用いま

すが、相手の話を聴いて、自分の心の中にどんな感情がわき上がったのかを、言語化して伝えると、心理的な距離は接近するものです。

「最初の案には、ずいぶん自信があるみたいだね」

「今、迷っているように感じたけど……」

「ちょっと自分に言い聞かせようとしているんじゃないのかな？」

などというように、話を聴いて感じたことを率直に伝えるのです。すると、今度は相手の心の中に、気づきや発見が生まれてくるというわけです。

逆に、共感しないで、事実関係だけを聞いて、頭脳で問題解決を試みても、相手とは溝が広がってしまいます。人間は、頭だけで生きているわけではありません。お互いに、心を持った人間どうし、表面的な同情ではなく、共感のレベルでコミュニケーションをとれる関係を築き上げていきたいものです（後述する「ヒーロー・インタビュー」は、心と心の通い合うコミュニケーションを築く一つのきっかけになるでしょう）。

そして、その共感が信頼関係のベースになり、Let'sの気持ちで上司と部下が協力して目標達成を目指す前提となるのです。

―― コラム 聴く――藪原秀樹さん「わもん」――

「傾聴」はコーチングの最重要スキルですが、文字で表現するのは至難の技。せいぜい「相手の話を否定しないで最後まで聴きましょう」くらいしか、私自身は書くことができませんでした。

ところが『聴けば叶う――わもん入門』（文屋）の著者である藪原秀樹さんは傾聴力だけに特化した研修プログラム（というよりは、人間力の「修行」）を開発し、今、全国で展開しています。

彼が提案する聞き方は「絶対尊敬」。つまり、話し手の意見や考え方が、聞き手である自分とは違っていたとしても、否定しないどころか「素晴らしい」と受けとめる聞き方なのです。これは、嘘をつけ、とか、おべんちゃらを述べよ、と言っているのではなく、自分の「我」をどれだけ手放せるか「離我」の度合いを高めていくか、という次元の話なのです。

宗教では「無我の境地」などと言いますが、瞑想したり、滝に打たれたり、厳しい修行が必須でした。他方、わもんでは「相手の話を聞かせていただく」というトレーニングにより、自分の人間性を磨いていこうという発想なのです。

これも言葉ではなかなか理解していただきにくい世界なのですが、私は「わもん」が日本発の和風コーチングとして、世界に発信されていくことを大いに期待しています。

第4章　質問のスキル

1　質問の重要性

数あるコーチングのスキルの中で、傾聴に次いで二番目に重要なのが「質問のスキル」です。何もはたらきかけず、ほうっておいても、自分で方向性を見出していくことができるのは、セルフ・コーチング能力がずば抜けて高い人だけでしょう。

多くの部下の場合には、適切な質問によって、情報やアイディア、解決策や意欲を引き出すことが可能になります。特に、一方通行の指示・命令ばかりでは得られない質問の効果として、次のような点があげられます。

①「やれ」と命令されると反発心が生じやすいが、質問によって「やります」という自発性が引き出されると行動に結びつく確率が高くなる。

②現場の実務に関する状況や顧客の要望などの重要情報は、担当者レベルの部下が把握している場合が多いので、これを質問で引き出すことが、的確な経営判断の礎《いしずえ》になる。

③質問をすること自体が、相手の人格や能力を尊重している証となる。「自分は、上司から意見を聴いてもらえるような大切な存在なのだ」という、承認のメッセージとして機能する。

④仕事に対する気持ちや悩み、将来の夢など、「心」に関する話は、自分からはなかなか切り出しにくいが、質問されたほうが話しやすくなる。
⑤業務に関する知識やデータ、指示の内容などを、部下が理解しているかどうか確認することができる。

カウンセリングでは**「答えはクライアントが持っている」**という前提に立ちますが、コーチングの達人もまた、ほぼ例外なく質問の名人と言えるでしょう。各種の質問を駆使することで、部下が気づかない可能性を明らかにしたり、目標をうまく選ばせたりすることができるのです。

上司の期待する方向へ部下をさりげなく誘導するのは、企業の管理職としては必要なことです。部下にとって不利な状況へと導くのは、「悪しき操作主義」と言え、望ましくありませんが、結果として部下も納得のいく方向を目指すことは、むしろ奨励されるべきだと考えられます。

そして、質問力の高さとは、「状況に合わせて多彩な質問を発することのできること」と定義できるでしょう。したがって、使える質問のレパートリーを広げることが、コーチング能力を高める一つの鍵であると言えるのです。さらに、時と場合に応じて具体的な質問と理念的な質問を使い分けたり、相手の意表をつく創造的な問いかけを発することができれば、鬼に金棒です。

逆に、質問力の低い上司は、質問をあまり使わない、あるいは、いつも使っている質問のパターンが陳腐でバリエーションに乏しい。そして、その質問が、時に漠然としていたり、細かすぎたりするというように、ピントが合わない、というケースが多いですね。

また、本人としては、コーチングの質問を発しているつもりでも、いつの間にか詰問調になり、お説教になってしまうという管理職も少なくありません。

2　質問と詰問の違い

(1)反語は非難のメッセージ

「なんでこんな問題を起こしたんだ?」「どうしてこの目標が達成できないんだ?」などと、反語表現を多用する上司をよく見かけます。

「反語」とは、文法的には「質問文」の形になってはいるけれど、実際に伝えたいメッセージは、別に存在するような表現を指します。

たとえば、「何回言ったらわかるんだ!」という台詞は、「説明の回数」を尋ねる疑問文ではなく、「期待を裏切られた気持ち」をこめて、相手を非難する響きを持ちます。つまり、「君には、すでに二回も注意をしているのに、今回も同じミスを繰り返したことは残念だ」というようなメッセージを、疑問文を使って表現しているわけです。

同様に「なぜ、あの時、早めに報告をしなかったんだ？」という質問文は、「君は、もっと早めに報告すべきだった」という批判のメッセージとも受け取れます。

そのため「何回言ったらわかるんだ！」という台詞に続く返事としては、

「申し訳ありません」

「注意していたつもりだったのですが……」

「想定外の事態が発生したので……」

といった、謝罪、釈明、言い訳が返ってくることになります。あるいは、沈黙してしまう部下もいるでしょう。質問は、相手の話を促すためのものです。黙らせてしまう「詰問」では、本末転倒です。

つまり「自分が責められている」と感じると、自分を正当化したい、守りたいという欲求がはたらくのです。しかし、このような後ろ向きな発言を引き出しても、状況は改善しません。

後述するように、きちっと叱るためには、どうすべきなのか「**然**《しか》**るべきビジョン**」を具体的に示すこと、あるいは引き出すことが不可欠です。相手の欠陥を批判するのは容易ですが、改善の方向性が見えなければ、行動を変えようがありません。また、上司がどんなにすばらしい改善提案をしたとしても、部下が納得してくれなくては、結果にはつながらないのです。

(2)原因のリスト

ただし、上司が指示を出すのではなく、部下に考えさせ、部下自身に改善の方向性を見つけさせたいと考える方もいらっしゃるはずです。まさに、そこが本書のテーマである「コーチング」の基本の考え方ですね。

とすると、まずは的確に、状況を分析するところから始めることになるでしょう。

そんな場面で、よく使われるのが、本節の冒頭で取り上げた、

「なんでこんな問題を起こしたんだ?」

「どうしてこの目標が達成できないんだ?」

といった質問文なのですが、上司としては、相手を責めているつもりは毛頭なく、ただ原因究明したいだけだったとしても、部下は「詰問」と受け止めて、防衛的な反応を返してくる場合が少なくありません。

では、「相手を責めている感じにならない」ように、原因を探求するためには、どうしたら

よいでしょうか。

一つの方法として、たとえば、次のように「人」と「事」を分ける**「原因のリスト」**という質問の仕方があります。

> 「人」の質問：「なんで君はこんな問題を起こしたのだ？」
> ↓
> 「事」の質問：「こういう問題が起こった原因のリストを作ってみよう！」
>
> 「人」の質問：「どうして君は目標を達成できなかったのだ？」
> ↓
> 「事」の質問：「目標が達成されなかった理由をリストアップしてみよう！」

「人の質問」を受けた人は、自分が責められていると感じるので、防衛的反応が引き出されてしまうのです。他方、「事の質問」で尋ねられると、語気にもよりますが、かなり、事態を客観的に見ることができます。自分自身が批判の矢面に立っていないと思えば、ある程度冷静な分析が可能になります。

ちょっと翻訳調の印象を持つかもしれませんが、企業の管理職研修の追跡調査を実施すると、この手法はなかなか効果的であるようです。「原因のリストを作ろう」という呼びかけには、上司と部下が協力してことにあたろうとする「Let's の響き」があり、前向きな分析と行動の具体的な改善につながるのでしょう。

「せいてはことをし損じる」ということわざがありますが、私は「責めても人は変わらない」、いや「責めたら、人は変われない」と考えています。

3 七種類の質問

さて、質問のレパートリーを広げるために、質問の種類を考えてみましょう。

コーチングの書籍の中では、自由回答を引き出す質問を**オープン・クエスチョン**（Open-ended question）と呼び、他方、YES／NOで答えさせる質問を**クローズド・クエスチョン**（Closed question）として、大きく二つに分類する方法が一般的です。これも広く使われている方法ですので、ぜひ知っておいていただきたい分類法です。

図表４－１　七種類の質問を使い分ける

❶ YES／NOで尋ねる質問

例）このレポートを明日までに仕上げてくれますか？
業者へ発注するところまでは進んでいるのかな？

❷ YESを引き出す「念押し、確認」の質問

例）このレポートを明日までに仕上げてくれますね？
業者へ発注するところまでは進んでいるんだね？

❸ NOを引き出す質問

例）いくら君でも、来週までにプレゼン資料をまとめるのは、不可能だろうね？

❹ 自由回答で意見を尋ねる質問

例）あなたが、一番やってみたい仕事はどんな仕事ですか？
何か使えるツールはないだろうか？

❺ 自由回答で事実を尋ねる質問

例）どの時点で不具合が発生したのかな？
例のプロジェクトは、どの段階まで進んでいるかな？

❻ 選択肢を選ぶ質問

例）プランA、B、Cとあるけれど、どれが一番良いと思う？
三社の中で、君がアプローチしやすいのは、どこかな？

❼ 数字で答える質問

例）君の仕事に対する満足度を十点満点で表すと、何点くらいかな？

本書では、日本の企業のマネジャーの便宜を考えて、さらに細かく、以下の七つに分類する方法を提案しています。

(1) YES／NOで尋ねる質問
(2) YESを引き出す「念押し、確認」の質問
(3) NOを引き出す質問
(4) 自由回答で意見を尋ねる質問
(5) 自由回答で事実を尋ねる質問
(6) 選択肢を選ぶ質問
(7) 数字で答える質問

これら七種類の質問を効果的に使い分けることができれば、質問のレパートリーは広がり、コミュニケーション能力やコーチング・スキルの向上につながります。七種類の質問それぞれの特徴や具体的な活用の仕方を考えていきましょう。

(1) YES／NOで尋ねる質問

まず一つ目の「YES／NOで尋ねる質問」は、クローズド・クエスチョンの典型であり、たとえば「これは君のアイディアですか?」「あのレポートの印刷はできていますか?」「プロジェクトペーパーの骨子はまとまりましたか?」など、「〜か?」で終わる質問が代表例です。

相手には、YESと答えるか、NOと答えるか、選択の余地があり、通常の会話の中で、ごく自然に用いられる質問のパターンと言えます。

特に、次のような場合には、このタイプの質問が効果的です。

- 事実関係を確認したい時
- 部下の意思を明らかにしておきたい時

前者の事実確認ですが、

「あのレポートどうなっている?」

「ええ、ぼちぼちです」

などという曖昧なやりとりでは、業務の実態を把握することはできません。

たとえば「現時点で印刷が完了したのか、まだ完了していないのか」をYES／NOで問うことにより、作業の進行段階を確認することが可能になります。

ただし、あまり連発しすぎると、裁判の尋問のようになったり、詰問調になってしまいますから、使いすぎには注意してください。

後者の用法について若干、補足しておきましょう。

「このレポートを明日までに仕上げるように」と言えば、上司からの命令ですが、「このレポートを明日までに仕上げてくれますか？」と「YES／NOで尋ねる質問」を用いれば、強制ではなく「依頼」の表現になります。

どうしても引き受けてほしい時には、次のパートで述べる「明日までに仕上げてくれますね？」という「YESを引き出す質問」を使うことになりますが、部下にNOと言う余地を残した上で、YESと言ってもらったほうが、部下の自発性を引き出す効果が高くなります。

(2) YESを引き出す「念押し、確認」の質問

「このレポートを明日までに仕上げてくれますか？」

「このレポートを明日までに仕上げてくれますね？」

この二つの質問は微妙にニュアンスが異なります。後者の「～ね？」で終わる質問は、ＹＥＳという答えを引き出す「念押し、確認」の効果を持ちます。実際、「～（です）ね？」と尋ねられた部下の立場では、なかなかＮＯとは答えにくいものです。特に、自分に対する期待感がこめられている場合には、「期待に応えたい」という気持ちが引き出されるでしょう。また、「～ね？」という問いかけが、部下の迷いを吹っ切るきっかけとなり、背中を押す効果を持つ場合もあります。

ただし、あまり念を押しすぎると、押しつけがましい印象が生じる場合もあります。ここぞ、という重要な場面、具体的には、次のような場合にこの質問を使うと有効でしょう。

・話し合いの最後に合意事項の確認をする時
・部下に目標を任せて、責任の自覚を促したい時

たとえば、目標設定の面談の最後の局面で

「では、来期は○○という目標でいいですね？」

と問いかけることで、面談の中で決めたことを確認できますし、目標達成に向けての相手のや

る気や意志を確認する効果もあります。

また「君にはリーダーとしての活躍を期待しているのはわかっているよね？」というように、責任感をより強く感じてもらうために、この手の質問を活用する方法もあります。

この場合、「君にはリーダーとしての活躍を期待している」と言い切って、質問の形にしない言い方も可能です。部下のキャラクターや職場の状況に応じて、効果的だと考えられる表現を採用しましょう。

■許可取りの質問

CTIジャパンでは「許可取りのスキル」という独立した項目を立てていますが、ビジネスの現場では、「YESを引き出す質問」の一つのバリエーションと見ることもできます。

たとえば「君はこうしたほうがいい」「この仕事はこうすべきだ」などと提案や助言をする時に、ワンクッションとして「YESを引き出す質問」を挿入するのです。つまり、

「一つ提案してもいいかな？」

「良いアイディアがあるんだが聞いてくれる？」

「アドバイスを聴く用意はありますか？」

などと上司から言われて、部下の立場で、なかなかＮＯとは答えにくいですね。

部下としては「ええ」「お願いします」というような、ＹＥＳの返事をする可能性が高いはずです。ただ、そのＹＥＳが、心理的な受け皿というか、アドバイスを受け止めるキャッチャーミットとなるのです。いきなり提案をする前に、部下に心の準備をしてもらったほうが、反発や当惑を防ぐことができますので、ぜひお試しください。

なお、質問をする前にも「質問してもいいですか？」と尋ねることで、会話の流れがスムーズに進む場合もあります。いずれにしても、相手の立場に立って、コミュニケーションを考える視点を持ちたいものです。

(3)ＮＯを引き出す質問

「この仕事をやりたくないのか？」と上司から尋ねられた時、たいていの部下は「いえ、そんなことはないですけれど……」といった答えを口にするのではないでしょうか？

つまり、必ずＮＯが答えとして返ってくるような**「極端な質問」**を投げかけ、部下の行動を、上司が期待する方向へと導いていくアプローチです。

このタイプの質問は、次のような場合に効果的です。

・部下のやる気を高めたい時
・目標を高めに設定し、部下の持っている実力を発揮してほしい時

能力や実力は申し分ないのに、なかなか結果につながらない。何をすべきかわかっているのに、行動に移せないというような状況は、誰にでも起こりえます。そんな時、やや刺激的な問いかけによって、部下が行動を起こすきっかけを作る質問のスキルです。

上司「君がせっかく自分で考えた大切な企画を、ライバルと共有するなんて、無理な注文だよな?」
部下「いや、無理だと言っているわけではないんですけど……」
上司「いくら君でも、来週までにプレゼン資料をまとめるのは、不可能だろうね?」
部下「決して不可能ではありませんが……」

というように、相手の自尊心やプライドにはたらきかけ、負けん気を刺激することにより、部

下の意欲を引き出せる場合があります。

ただし、そもそもが「極端な質問」である場合が多いため、問いかけ方によっては、無理なプレッシャーをかけてしまうケースもあります。そこで、ＮＯの言い方や声の響きにしっかりと耳を傾け、部下の本音がどこにあるのかを聴き取るとともに、状況に応じて適切なフォローのコミュニケーションをとることも大切です。

(4)自由回答で意見を尋ねる質問

上司の質問に部下が、ＹＥＳかＮＯかで答えている状況がずっと続くのは、あまりコーチング的とは言えません。やはり、部下の意見や気持ちを引き出すために、自由に回答できる質問を効果的に活用する必要があります。

- 部下の気持ちや思いを引き出したい時
- 仕事の進め方に関する方法やとらえ方について、部下のアイディアを引き出したい時

このような場合には「自由回答で意見を尋ねる質問」が有効です。たとえば、

「君はその時、どんな風に感じたの？」

「あなたが、一番やってみたい仕事はどんな仕事ですか？」

などというように、相手の感想を引き出す時には、部下自身が自分の言葉で答えられる問いかけを用います。


組織の中で、部下が置かれている状況を客観的に把握することは重要ですが、それだけでなく、部下自身がどのようにとらえ、感じているか、認識を引き出すことも、上司の非常に大切な役割です。特に、部下のやる気を喚起する上では、主観的な「思い」をしっかりと受け止める必要があるでしょう。


また、仕事のやり方について、「別の方法でやりたまえ」と命じるだけでは、効果は出にくいもの。

「何か使えるツールはないだろうか？」

「誰か、ほかの人の力を借りることはできないか？」

「別の見方をするとどうだろう？」

「ほかにどんなやり方があるかなあ？」

などと、自由回答で発想の幅を広げ、可能性を発掘することが可能です。

この際、「君はどう思う?」というように、漠然としすぎる質問では、どう答えてよいか、部下が答えに窮してしまう場面がよく見受けられます。抽象的な質問では、うまく機能しないと感じたら、

「君なら、どんな方法がベストだと思う?」

「準備の段階で、何に気をつければよいだろうか?」

「プレゼン資料の中で最も強調すべきところはどこかな?」

などと、質問の焦点を絞り込んでいくとよいでしょう。

■リスト3（スリー）の質問

「今できることを三つあげるとすれば、何と何と何だろう?」

「理由が三つあるとしたら何かな?」

「外注先の候補を三社あげてくれないか?」

「新しいクロージング・トークを三パターン考えてほしい」

というように、相手に選択肢を三つ考えさせる質問を、私は**「リスト3（スリー）の質問」**と呼んでいます。「自由回答で意見を尋ねる質問」の一つの類型で、きわめて単純な方法ですが、

驚くほど多くの場合、効果的です。

人間は、最初に思いついたアイディアにとらわれると、もうそれ以上、深く考えないようになってしまうことがあります。「これしかない」という発言は、要注意です。どんな状況でも、必ず「他の選択肢」を考えることは可能なのです。

もちろん、様々な制約条件の中で、現実的に選ぶことのできるものが限られている場合も多いわけですが、「きっとこの方法しかない」と短絡的に決めてかかるのと、「他の方法も検討したが、やはりこの方法がベストだ」と戦略的に結論づけるのとでは、長い目で見ると、パフォーマンスに大きな違いが出る場合があります。

そして、「リスト3（スリー）の質問」は、発想の幅を広げる上で有用ですので、ぜひお試しください。

(5)自由回答で事実を尋ねる質問

客観的な事実関係を引き出すことも、マネジメントの中では重要です。戦略や作戦を策定するためには、できるかぎり正確なデータをそろえておきたいもの。ですから、5W1Hを押さえた質問が、さらりと口をついて出るようにしておくとよいでしょう。

「例のプロジェクトは、どの段階まで進んでいるかな？」

「今回の企画について、チームメンバーの誰から、どんな意見が出たのだろう？」

「お客さまの感想の中で、一番多かったのはどんなご意見かな？」

「どの時点で不具合が発生したのかな？」

「単価いくらで、何ユニット、いつまでに納品する約束をしたんだい？」

「その作業の最終確認をしたのは誰で、それは何時何分だったのですか？」

などと、「価格」「時刻」「場所」「責任者」など、具体的な項目をあげて質問すると、的確な情報が獲得できます。


特に、トラブルが発生した時や部下がミスを犯した時には、激昂して怒鳴る前に、まず、状況の正確な把握を心がけたいものです。


まずは、どのような状況でトラブルが起こったのか、部下がどのような行動をとった時にミスが起きたのか、といった事情を掌握するために、

「その時の状況を詳しく説明してください」

「時間の経過に沿って、何が起こったのか話してください」

というように、事実を尋ねる質問を使います。もちろん、ある程度、話し手の主観が入ること

はやむを得ませんが、部下自身に現在の状況や問題を振り返らせることが、次に同じような事態が発生した時に役に立ちます。

「どうして君はミスしたんだ?」

「なんで売り上げ目標を達成できなかったんだ?」

といった漠然とした詰問ですと、部下は責められていると感じて、客観的な事実の把握につながらない場合が多いので、先述した「原因のリスト」を活用するとよいでしょう。

(6)選択肢を選ぶ質問

コーチングの中で中心的な役割を果たすのは「自由回答で尋ねる質問」なのですが、せっかく上司が良い質問をしても、部下が黙り込んでしまう場合もあるかもしれません。

沈黙も、一つのメッセージですから、顔の表情や態度から、読み取るべきことは読み取る必要がありますが、職場で、上司と部下が黙りこくったまま時間を過ごすのは気まずいものです。

部下の立場に立って、どう答えたらよいのかわからない「答えにくい質問」になっていたと感じたら、上司の側が「答えやすくする工夫」をすることが大切です。「どうして黙っているんだ」などと追及しても、たいてい、口を閉ざしたままになりますね。

部下に考えさせることは大切ですが、考えやすくするのも上司の役割です。

そんな時には、具体的な選択肢を提示することで、助け舟を出す方法があります。白紙に絵を描くよりも、塗り絵のほうが易しいように、ガイドラインを示すことで、答えやすくする方法と言えるでしょう。

「プランA、B、Cとあるけれど、どれが一番良いと思う?」

「X社、Y社、Z社の三社の中で、君がアプローチしやすいのは、どこかな?」

「今後、このマーケットに、一番影響を与えるのは、価格競争の激化、ライバルの出店戦略、原料コストの高騰のうち、どれだと思う?」

といったように、マルチプルチョイス方式で、答えを選んでもらう質問の手法です。

ただし、この場合、上司の想定した枠で、部下の発想をしばってしまう危険がありますので、「その他」という選択肢を加える工夫も覚えておきましょう。

「プロジェクトに新たに一人加わってもらうとしたら、Sさん、Tさん、Uさんの誰にすべきだろう?　それともほかに、誰か適任者はいるかな?」

「君には、国内、北米、アジアのいずれかの営業を担当してほしいと思っているんだが、もしそれ以外の希望もあれば聞こうじゃないか?」

また、日程を調整するような場合には、多忙な上司の側が先に、自分の都合の良い時間枠を提示して、部下に選ばせたほうが、話が早いでしょう。

「君と面談する時間だが、木曜の朝十時、金曜の十一時、あるいは金曜の十五時のいつが一番、都合がつけやすいかな?」

(7) 数字で答える質問

英語では**スケーリング**(scaling)と言いますが、「良い、悪い」「好き、嫌い」といった二者択一ではなく、程度の違いを数字で表現する方法には、コミュニケーションのきめを細かくする効果があります。

「今、君の仕事に対する満足度を十点満点で表すと、何点くらいかな?」

「プランA、プランB、プランCを、作業効率改善の観点で比較すると、五点満点で、それぞれ何点つくかな?」

こうした質問から引き出される答えは、あくまでも部下の主観に基づくものですが、その後のコーチングの展開に幅が生まれます。

上司「さっきのプレゼンの手応えは、百点満点でどのくらいの評価になる？」
という質問に対して、
部下「そうですねえ、七十点というところでしょうか？」
という答えが返ってきたら、
上司「マイナス三十点の理由は何かな？」
上司「それは、前回と比較すると上がったの、下がったの？」
上司「次回、八十点のプレゼンにするためには、どんな準備をしたらよいかな？」
などと、話を前に進めていくことができるのです。

上司「さっきのプレゼンの手応えはどうだった？」
と漠然と質問した場合と比べて、話の具体性に大きな違いが生まれますので、「数字で答える質問」もぜひ試していただきたいと思います。

4　質問のスキル活用の原則

さて、七種類の質問の特徴と具体例を見てきましたが、コーチングにおいて「質問のスキル」を活用する原理原則を考えてみたいと思います。

(1)「答えやすい質問」から始める

コーチングは、一方通行のお説教ではなく、双方向の会話によって初めて成立します。「答えにくい質問」で部下を黙らせてしまうよりも、「答えやすい質問」から入っていくことをおすすめします。そして、どんな質問が答えやすいかは、その時の、部下の状況によって変わってきますので、一人ひとりの部下をよく理解するマーケティングの努力が大切です。

特に、最初の質問は、会話の雰囲気作りや信頼関係（ラポール）の構築に大きな影響を与えますので、相手によっては、仕事以外の話から入るなど、工夫をしたいところです。

(2)質問は短めに

演劇の舞台で、スポットライトが一人の登場人物だけを照らして背景から際立たせるように、コーチングでは、枝葉末節を捨てて、核心をついた短めの質問が効果的な場合が多いようです。あれも、これも、と散漫な質問を連発するよりも、テーマを絞り込み、上司からの質問は短く、部下からの答えは長く引き出すのが、コーチングの秘訣です。

「シンプル・イズ・ビューティフル」は、質問のスキルにもあてはまるのです。

⑶詰問ではなく、Let'sの気持ちで

質問のレパートリーを増やすだけではなく、語気に注意を払うことも大切です。このあたりは、書物という活字メディアには限界があるので、集合研修でロールプレイを体験していただくのが理想的なのですが、どんなトーン、イントネーションで質問を発するかによって、印象や効果は大きく変わります。詰問調で相手を責めるのではなく、Let'sの気持ちで一緒に目標を達成していくために、質問で相手と自分の可能性を引き出すことを心がけましょう。

⑷時には、子供の好奇心をお手本に

子供は質問の天才です。実は、人間は学習する存在であり、「外界を認知し、自らの特質を

活かして環境に適応していく」ために、質問の力は、根本的な役割を果たしています。

ところが、大人になるにつれて、質問をだんだん発しないようになることが少なくありません。「そんなことも知らないのか」と馬鹿にされたくない、詮索好きなうるさい奴と思われたくない、質問したら権威に対する挑戦と受け止める上司に遭遇した、などなど、様々な理由で、質問をあまりしないようになってしまったという人はめずらしくないのです。

しかし、効果的な質問は、コーチングの中核的なスキルです。時には、

「それって、どういうこと?」

「その時、どんな気持ちだった?　ワクワクした?」

「タレントに例えると、どんなお客さまだったの?」

などというように、伸びやかな創造力を発揮していただきたいと思います。

5　ヒーロー・インタビュー

(1)成功体験を引き出す

「質問のスキル」の一つのバリエーションとして「ヒーロー・インタビュー」という方法を

紹介しましょう。

　プロ野球の試合終了後に、その試合で最も活躍した選手をお立ち台に載せて、インタビュアーがマイクを向け、「七回の裏に決勝ホームランを放った××選手です！　おめでとうございます！」と言うシーンを思い浮かべてみてください。あれが、スポーツの世界の「ヒーロー・インタビュー」です。

　これをビジネス・コーチングに応用しようというわけです。ただし、職場では、上司が部下に質問するのは、スポーツの体験ではありません。その人がこれまでの仕事で一番頑張ったこと、充実していた時のこと、うれしかったこと、成功体験などを聞き出します。

　できるかぎり、具体的に細かく、その時の情景を頭に思い浮かべながら、映像的に話してもらうのがポイントです。時間的には、ほんの二、三分程度でも構いません。

「君が、この会社に入ってから一番、頑張った時のことを聞かせてほしい」

「ここの前は、どこの部署にいたんだっけ？　その頃は、どんな仕事を担当していたのかな？」

などと、思いつくままにインタビューしていきます。

　大切なのは上司が聞き役に徹し、部下のどんな自慢話も否定しないで、詳しく語ってもらうことです。感心することもあるでしょうから、効果的に「繰り返し、あいづち、うなずき」を使ってください。

⑵二つの効果

たったこれだけのことなのですが、実際に試してみると、話をしている部下の表情が明るく、いきいきしたものになり、元気が出てくるケースが圧倒的に多いのです。

それは、どんなにささやかなエピソードであったとしても、本人にとっては大切な宝物のような体験であり、その体験を語り、脳裏にその時の映像が想起されると、身体反応も心理的状況も、その当時の熱い想いが蘇《よみがえ》ってくるのです。

部下に対して「やる気を出せ」と命令しても、モティベーションは高まりません。しかし、上司がほんの数分間、部下の過去の成功体験に耳を傾けることで、やる気アップにつながります。

もう一つ、ヒーロー・インタビューの顕著な効果として、上司・部下間の心理的距離が近くなり、親近感が高まるという効果があります。

職場の人間関係は、コミュニケーションによって築かれています。そして、そのコミュニケーションにもいろいろなレベルがあり、表面的な業務連絡だけでは、心理的な距離は近づきません。

しかし、人間は心を持った存在なので、毎日の仕事の中で「この業務には思い入れがある」「これはうれしかった」「辛かった」というように、一つひとつの作業や活動に気持ちがこめられているものです。その気持ちの部分を話し、聴いてもらうと、人と人の心の距離が明らかに接近するのです。

よく経営者の方が、「心と心の通い合うコミュニケーションによって、職場の一体感を高め、組織を活性化してください」という訓示を行ないます。しかし、そのような抽象度の高い演説は、行動レベルにはほとんど影響しません。しかし、お互いの成功体験を話し合う、頑張った時の経験を引き出す「ヒーロー・インタビュー」であれば、即、実践可能です。

非常に簡単で、すばらしい効果をあげる方法なので、強くおすすめしたいのですが、これまで日本の企業組織の中では、あまり用いられてきませんでした。つまり、上司が昔の成功体験を部下に語って聞かせることはあっても、上司が部下の成功体験を引き出す取り組みは、めったになかったのです。しかし、だからこそ、「ヒーロー・インタビュー」を実験していただきたいと考えています。

中には「僕には成功体験はありません」などと、そっけない返事をする部下もいるかもしれません。そんな時は、無理に問い詰める必要はありません。時間を置いて、違う場面で試みると、反応が変わる場合もあります。

また、「いやぁ～成功体験というほどのものは」と謙遜する人もいるでしょう。しかし「しいて言えば」といったん話し出すと、眼を輝かせて熱く語り出すものです。ぜひお試しください。

(3)ダイヤモンドの原石

ヒーロー・インタビューというネーミングの背景には、**「すべての人が、いつかその人なりの形で、ヒーローになる可能性を持っている」**という考え方があります。

ヒーローのあり方は、一人ひとり皆違います。全員がホームランを量産する長距離バッターとは限りません。バントが得意な選手もいれば、走塁でチームに貢献する選手、そしてスタメンには入らないけれど、ベンチから人一倍大きな声援を送って、チームの勝利に貢献する選手もいます。「早咲き」の人もいれば、「遅咲き」の人もいるかもしれません。

しかし、すべての人がヒーローになる可能性を持っている、というのがコーチングの前提になる考え方です。

一人ひとりの多様な「持ち味」を引き出すコーチングによって、能力や意欲を高め、まだ一度もお立ち台に立ったことのない人にも、ヒーローとしての活躍をしてもらうのが、上司の役割と言えるのではないでしょうか。

松下幸之助氏は**「人間は磨けば光るダイヤモンドの原石のようなもの」**であると述べています。ダイヤの原石は一見したところでは、単なる道端の石ころと同じように見えます。「彼は役に立たない、石ころみたいな存在だ」と思えば、部下の活躍を引き出すことはできません。どんな人間の内側にも「輝き」があると信じて、磨きをかけることが大切です。

そして、ダイヤモンドに磨きをかけることのできる物質は、自然界にたった一種類しかありません。それは、ダイヤモンドです。ダイヤモンドは、これまで人類が発見した中で、最も硬い鉱物ですから、ダイヤモンドの宝石はダイヤモンドの粉で研磨します。

もし、人間がダイヤモンドの原石であるとするならば、そこに磨きをかけ、内側から可能性を引き出してくるためには、ほかの人間との直接的接触が必要なのではないでしょうか。Eラーニングがどんなに高度に発達しても、一人ひとりの中から「輝き」を引き出すことには限界があるでしょう。

中国の古典である『大学』の中では、**「切磋琢磨」**と表現しています。人と人とが、互いに刺激を与え合い、学び合うことで、お互いに実力を高め、真価を発揮していくことが大切なのです。そして、この切磋琢磨は、一方通行ではなく、相互作用です。つまり、上司が部下に磨きをかけると、部下もまた、上司に磨きをかけます。

良い上司として尊敬されている人は、指導しやすい「優等生」ばかり指導してきたのではありません。指導が難しい部下を指導し、試行錯誤を繰り返す中で、次第に「良い上司」へと成長していったのではないでしょうか？

つまり、逆説的な表現を用いれば、**「悪い部下が良い上司を育ててくれる」**のです。ですから、今、あなたの周りに「困った部下」がいたら、幸運だ、と思うこともできるわけです。

第5章　承認のスキル

1　やる気を引き出す

コーチングは「人間の無限の可能性を信じる」という前提に立ち、一人ひとりの強みや持ち味を引き出していくコミュニケーションです。その中で「承認のスキル」は、傾聴、質問に次いで、三番目に重要なものと考えられます。

「認める」というのは「相手の良いところを見て、心にとめる」、つまり「見＋とめる」というのが言葉の語源です。英語の acknowledge という動詞（名詞は acknowledgement）も、「～を知識として受け止める」「～の存在・事実などを肯定的に認める」という意味です。

軍隊のような「命がけの組織」では、上官から「やれ」と命令されれば服従しないわけにはいきません。しかし、通常の組織の中では、一人ひとりの部下から「やろう」「やれる」「やりたい」という気持ちを引き出していかなければ、生産性は上がらないのです。

人間は動物の一種ですから、脳内の感情をつかさどる部分が刺激されることで、行動の変化が促進されます。ほめられれば、人はうれしい気持ちになり「よし頑張ろう！」とやる気が湧いてきます。そして意欲が湧いてくることで、行動に移すエネルギーが高まるのです。逆に、認めてもらっていないと、行動する意欲が高まらず、元気が出ないという状態になりがちです。さらにその状態が続くと、無視された気持ちを味わい、うつ状態に陥る可能性もあります。

「承認のスキル」は、部下のやる気を引き出すとともに、良好な職場関係を築くために最も有効な方法の一つと言えるでしょう。

2　事実を観察する

承認のスキルには、インプット面とアウトプット面の二つの側面があります。まず、インプットは、**観察能力**と言い換えてもよいでしょう。他方、アウトプットは、**メッセージの伝達能力**ということになります。

部下の仕事ぶりをよく観察して、一人ひとりの多様な持ち味、強み、長所、進歩、成長などを心にとめることが、承認のスキルの第一歩です。

そのためには、部下は何に注目して、どんな行動を実践しているのか、また、その成果はどうだったのか、など、細かく観察することが大切です。事実ではないことについて、美辞麗句を並べて伝えることを「おだてる」と呼び、「ほめる」と区別しています。

事実に反することをあたかもほめるように伝えるのは、「ほめ殺し」につながり、部下の成長を阻害します。また、見え透いた「おべんちゃら」は、相手の心をかえって傷つけてしまう可能性もあります。

特に「細かい事実」や「わずかな成長」に気づいて、そこをほめるのが、ほめ上手のポイントです。人間は、重箱の隅をつつくように、細かい欠点を批判されると頭にきてしまいます。悪いところは「見とがめる」と言いますが、マイナス面ばかりを指摘されると相手はやる気をなくしてしまいます。

他方、細かいところをほめてもらうと、とてもうれしく感じるものです。「ああ、この上司は自分のことを見守っていてくれる」という信頼感と安心感が伝わるのです。ですから、

「さっきのクレーム対応の仕方は心がこもっていたね」

「おっ、この仕事、もうできたのか！　ずいぶん段取りが良くなったなぁ」

「あなたは、こういうものを選ばせたらセンス抜群ね！」

などと、一人ひとりの部下の細かい気配りや進歩した点を観察し、具体的に言葉にして伝えましょう。

３　プラスリストを作る

さて、あなたは、日頃、部下のことを、どの程度、観察し、把握しているでしょうか？　実際に、１１３頁の「プラスリスト」に記入してみていただきたいと思います。

あなたの部下、あるいはチームメンバー一人ひとりの、

【１】長所・特長・持ち味は何か？

【２】最近の具体的な進歩・成長は何か？

について、簡単で結構なので、表にまとめてください。おおよその目安としては、部下一人について一—二分で記入できるはずです。

ここでは七人分の枠になっていますが、部下の数がそれ未満の場合は空欄のままで結構です。八人以上部下がいる場合には、思いつく七人について記入していただいてもよいですし、別紙に追加していただいてもかまいません。表計算ソフトを活用するのも、すばらしい方法です。

また【３】の部分は空欄のままあけておいてください。

さて、実際にプラスリストを仕上げた後に、ご自身が記入した内容を振り返ってみましょう。

⑴ 美点凝視

このプラスリストは企業の管理職研修でも導入していますが、最も頻繁に耳にする感想は、「短所ならばいくらでも書けるのだが、長所は書きにくかった」というものです。「部下の欠点のほうが書きやすい」のは、ある意味、仕方のない面もあります。認識とは「違い」に着目するものなので、仕事ができる上司から部下を見ると、現在の自分を基準にして部下のできていないところ、欠点ばかりが目についてしまうのは当然なのです。

だからこそ、部下の強みや長所に目を凝らして、良いところを探すように部下と接する姿勢が大切です。これを**「美点凝視」**と言います。

特に、成果主義が広く浸透している現在の経営環境で、数字に表れない取り組み、特に補佐的な仕事に対して、注目することをおすすめします。たとえば、営業の成果は営業マンだけでなく、営業補助や業務のサポート、フォローのおかげもあるでしょう。契約獲得といった、目立った成果だけでなく、日頃の細かい努力やプロセスを見逃さないようにしたいものです。

また、短所に見える部下の属性も、見方を変えれば、長所として認識することも可能になります。

「彼は仕事が遅い」というとらえ方もできますが、「彼は慎重でコツコツ型だ」と思えば、持

図表５-１　プラスリスト

名　前	【1】その人の長所・特長・持ち味は？	【2】最近の具体的な進歩・成長は？	【3】
(　　) さん			
(　　) さん			
(　　) さん			
(　　) さん			
(　　) さん			
(　　) さん			
(　　) さん			

ち味だということになります。「すぐに感情的になる人」は、「情熱家で一途《いちず》な人」なのかもしれません。

自分の側のとらえ方を変えることで、相手の長所や持ち味として、認識を新たにすることが可能なのです。

(2)コミュニケーションの量を増やす

数名の部下についてプラスリストを記入すると、書きやすくてたくさんコメントが浮かぶ部下と、何を書いてよいかわからない部下に分かれる場合が多いようです。結果的に、枠の中に記載されたコメントの量にばらつきが発生します。

長所を書きにくい部下については、まだあまりよく知らない側面が残っているのかもしれません。ですから、コミュニケーションの量を増やして、相手の持ち味や強みを理解する努力が必要になります。

ただ、相手のことをよく理解していないと、どのように声をかけてよいかわかりません。どんな話題が話しやすいのか把握できていないと、コミュニケーションの量が自然と減っていきます。すると、相手に対する理解が進まない、ということで悪循環が生まれます。第4章で述べた「ヒーロー・インタビュー」は、コミュニケーションの第一歩として格好のきっかけになるでしょう。

相手のことをよく知っていれば、声がかけやすくなり、さらに理解が進むという好循環になります。やはり、日頃のコミュニケーションが、コーチングの基本というわけですね。

(3) 通過目標の設定

コーチング研修に参加した管理職の方からは、「【1】の特長、持ち味はまだ書くことができたが、【2】の最近の進歩、成長については、非常に書きにくかった」という感想をいただくことが多いのが実状です。

これは、部下の能力開発に関して、個別の通過目標の設定が曖昧であることを表しています。「あいつ、最近、仕事できるようになったかなぁ」などと、漠然とした印象を思い起こそうとしても、なかなか記入できません。

第2章で触れたように、コーチングは個別指導が基本なので、定期的に一対一のミーティングを行ない、「Aさんは接客能力の向上、Bさんは商品知識の強化が課題だな」などと、きめ細かく通過目標を設定し、指導を行なっていれば、その人が、最近、どんな成長をしたのか、記入しやすかったはずです。

そこで、これは今からでも遅くはないので、【3】の欄に、一人ひとりの「能力開発の通過目標」を記入してください。もし、見当がつかないようであれば、まずは、一対一のコーチング・セッションをとっていただきたいと思います。

ただ、その場合、「Bさん。君は、この資料を丸暗記して商品知識を勉強しろよ」と一方的に命令するやり方はおすすめしません。

「君が、この職場でさらに実力を発揮するために、どんな能力開発目標を立てたらよいだろう?」

などと、ぜひ、質問のスキルを駆使して、コーチングを試してみてください。

4 ほめ言葉を伝える

さて、承認のスキルは、部下の良いところを見逃さないインプット能力だけでなく、それを言葉や態度として伝えるアウトプット能力も含まれます。テレビのグルメ番組のレポーターが「おいしい」ばかり連発しては仕事にならないように、「いいねえ」ばかり繰り返すワンパター

図表５-２　ほめる際のポイント

- 事実に基づいて本当のことを伝える
- 細かい事実を見逃さないよう心がける
- タイミングを逃さずにほめる
- 相手の目を見ながら心をこめてほめる
- 相手の立場、状況、心理状態に合わせてほめる

ンでは、うまくありません。

企業の管理職としても、多彩なほめ言葉のレパートリーを持ち、状況に応じて、使えることが望ましいでしょう。

その際、重要なポイントとして、「事実を伝える」「細かい事実を見逃さない」だけでなく、「タイミング良く」「心をこめて」「相手に合わせて」伝えるという三点を追加したいと思います。

「そういえば、二週間前に提出した書類はうまく書けていたよ」

などと、忘れた頃に言われても、相手はピンときません。何かほめるところを見つけたら、タイミングを逸することなく、すかさず承認の言葉を伝えると相手の心に響きます。

そして、心をこめて伝えることが大切です。上司が本気でほめているかどうかは、微妙な声のニュアンスや顔の表情などに出てしまいます。長々と美辞麗句を並べてもなかなか相

手の心には響きません。むしろ、飾らない言葉、シンプルな言い回しが、相手の心に余韻をもたらすことも多いのです。

対人コミュニケーションで、相手に与える影響の九割以上は非言語のメッセージによると言われています。どんな台詞でほめるかももちろん大切ですが、それ以上に、声の響きや表情、態度を意識してみましょう。

そして、最後のポイントが「相手に合わせてほめる」ということです。人それぞれ、ほめられてうれしいツボが違います。

たとえば、Aさんは「知識が豊富だねえ」と言われるのが何よりうれしいと感じる一方、Bさんは「君の行動力には脱帽だ」などとほめられると喜ぶ、Cさんは「細かい心配りがすばらしい」という言葉が励みになり、Dさんは「笑顔が明るい」と言われて感激したりする、というように、一人ひとりツボが異なります。

ですから、個々の部下をよく観察して、いろいろな角度からほめてみて、どの言葉が一番ヒットするか、確かめてみることが大切です。

「普段、ほめ慣れていないので照れくさい」「職場の風土が、ほめる雰囲気になっていない」などとおっしゃる方も多いのですが、ほめ上手になるためには「場数を踏む」ことが不可欠です。

これまで、あまり部下をほめる習慣がなかった場合には、最初、多少の違和感があるものです。しかし、続けているうちに、職場の雰囲気が徐々に活性化され、元気のエネルギーが充満してきます。何よりも、上司の一言で、こんなにも部下の表情がいきいきとするものか、と感じられる方もいるでしょう。

ぜひ、ちょっと勇気を出して、部下の良いところ、小さな進歩を承認してみてください。

5　効果的に叱る

「ただほめているだけでは、部下は勘違いしてしまうのでは……」と思う方もいるでしょう。部下の成長のためには「ほめる」と「叱る」の両方が必要です。

この二つは、自動車のアクセルとブレーキのようなもの。ブレーキを踏んでいる時間が長いのは「交通渋滞」ですから、コーチングでは、車のアクセルに相当する「ほめる」のが基本と考えられます。

ただ、ここで強調したいのは、「叱る」と「怒る」の違いです。「怒る」というのは、感情的

図表5-3　「叱る」と「怒る」の違い

に反応してしまうことです。「売り言葉に買い言葉」「瞬間湯沸かし器」「キレる」などは、まさに感情的な反応（reaction）と言えます。

これに対して「叱る」は、部下の話にじっくりと耳を傾け、共感的姿勢で向き合い、事実と解釈を分類しながら、理性的な対応（response）をすることです。管理職の責任（responsibility）とは、まさに、理性的な対応能力を指す言葉だったわけです。

そして、「何をやっているんだ」「これでは駄目だ」などと、現状や相手を否定するだけではなく、「然るべきビジョン」を示す、あるいは、部下から引き出すのが、効果的な叱り方と言えるでしょう。

詳しくは、本間著『人を育てる「叱り」の技術』（ダイヤモンド社）を、参考にしていただければ幸いです。

6　ニュートラル・フィードバックを活用

どうしても叱れない、という人たちにとっては、「ニュートラル・フィードバック」も効果的なコミュニケーション手法のひとつです。

部下の仕事ぶりについて、よく観察して、それに対して改善の方向に向けてコミュニケーションをとるのは、すべて「フィードバック」にあたります。フィードバックの種類としては、次の三種類に分類することができます。

①ポジティブ・フィードバック……長所や強みに着目し、肯定的な評価を伝える。
②ニュートラル・フィードバック……フィードバックする側の価値判断を極力抜いて、仕事ぶり、事実関係をなるべく客観的に伝える。
③コンストラクティブ・フィードバック……問題点に着目し、然るべきビジョンを示す。

三つのうち、ポジティブ・フィードバックにあたるのが「ほめる」、コンストラクティブ・

フィードバックは「叱る」です。

ほめる・叱るというのは、自分の価値判断に基づいて相手に伝える方法ですが、ニュートラル・フィードバックは、自分の価値判断を極力抜いて、事実関係や仕事ぶりなどを客観的に伝える方法です。

では、「自分の価値判断を極力抜いて、客観的に伝える」とはどういうことか？

たとえば、部下に、会議での様子や態度について伝える時に、

「今日の会議では、積極的だったね」

と言えば、ほめているわけですから、ポジティブ・フィードバックになります。

「中心テーマの議論の時は、もう少し発言してね」

と言えば、叱ることになるので、コンストラクティブ・フィードバックになります。

では、ニュートラルに伝えるとしたら、どう言えばいいでしょう？

「今日は一回も発言しなかったね」

これは、良い・悪いということを言わず、一回も発言していないという事実を伝えています。

確かにほめる・叱るも大事なのですが、その間の部分をありのままに伝えることでも、コミュニケーションをとることは可能なのです。

ニュートラル・フィードバックの具体的なやり方は、非常にシンプルです。基本は、

①「フィードバックしてもいいですか？」と前置きする。

②改善すべきポイントの、事実関係だけを指摘する。

③励まして送り出す

の三つのステップです。

詳しくは、本間著『叱らなくても部下の心をつかむ方法』（フォレスト出版）を、参考にしていただければ幸いです。

コラム 三つほめて一つ叱る――行動改善

「ほめる」と「叱る」のバランスについて、松下幸之助氏は「三つほめて一つ叱る」という目安を示しています。つまり、部下の良いところ、部下の仕事の中でよくできた所を三つくらい発見してほめる。そして、相手が聞く姿勢を持ったところで、一つ具体的な改善提案をするという方法です。

たとえば、「このレポート、レイアウトがきれいだねえ。見出しの付け方もいい。最初の段落も要点がよく整理されている。あ、おしいなあ。この部分だけ、こういう表現を使うともっと良くなるよ。」

相手によっては、三つではなく、五つも、七つもほめなければならないかもしれませんし、一つで十分ということもありますから、三という数字はあくまでも一つの目安にすぎません。

他方、「一つ叱る」は、一つにしぼることが重要です。能力の高い上司ほど、部下の欠点が目につき、「ここもできていない。ここも不十分だ。ここはこうした方がいい。ここはこうしなきゃダメじゃないか。」などと、数多くの指摘を一度に行なってしまいます。

ところが、そんなにたくさん、指摘されても、人間は行動にうつすことができません。行動を改善するためには、「何をどう変えれば良いのか」という方向性が明確であること、そして「変えよう」という気持ち、エネルギーが高まることの両方が必要です。一度にたくさん欠点を指摘されると、エネルギーが低下して、結果的に行動変化に結びつかないのです。

あれもこれも欲張って指摘するのは、上司の側の優先順位のつけ方が甘い証拠。くどいお説教は、逆効果なのです。企業の中でも、一人ひとりの部下の現在の仕事ぶりをしっかり観察して、一言だけ伝える方法を徹底してみてはいかがでしょうか？

第6章

コーチングのアプローチ
――「GROWモデル」

さて、ここまで三つの基本スキルについて解説してきましたが、企業の実際の現場で、コーチングを実践する際の、一つの典型的な進め方として、「GROWモデル」を紹介しましょう。Green（緑、植物）と語源を同じくするGrowという動詞は「育てる、育成する」を意味します。上司が部下をコーチングしようと思った際に、まったくランダムに質問を発するよりも、何らかのガイドラインに沿って展開したほうがやりやすいと感じる方が多いようです。

その起源には諸説ありますが、英国のSir John Whitmore（一九三七―）の著書"*Coaching for Performance*"（一九九二）では、すでに用いられています。英国のTSC（The School of Coaching）が二〇〇二年に行なった調査によると、回答を寄せた企業の三四％でGROWモデルが用いられ、最も一般的なコーチングのモデルであるという結果が出ています。

また、Max Landsberg著"*The Tao of Coaching*"（邦訳：『駆け出しマネジャー　アレックス　コーチングに燃える』村井章子訳、ダイヤモンド社）では、「GROWアプローチは、多くの優れたコーチが実践している手法である」（邦訳五十七頁）と紹介されています。ただし、そこではRのResourceがなく、四ステップの手順となっており、Wの部分がWrap-up（まとめ）となっているなど、著者により多少、構成に違いがあります。Sabine DembkowskiとFiona Eldridgeは、WをWhat next（次にどうするか）としていますが、基本の枠組みには大

図表６－１　GROW モデル

1	GOALS	（目標の明確化）
2	REALITY	（現状の把握）
3	RESOURCE	（資源の発見）
4	OPTIONS	（選択肢の創造）
5	WILL	（意志の確認、計画の策定）

差ないようです。

ほかにも、様々なコーチングの進め方があり、ＧＲＯＷモデルが唯一絶対というわけでも、常に最善のアプローチであるとも言えませんが、本書で紹介する五つのステップはシンプルかつ実用的で、部下に対するコーチングがシステマティックに進めやすくなる場合が多いでしょう。管理職研修でも「わかりやすい」「思った以上に役に立つ」といった感想をいただいています。

1　目標の明確化（Goals）

会社には、経営理念や社是といった抽象的な大目標がありますが、それだけでは人は動けません。より具体的な、中目標、小目標へと細分化（break down）していくことが大切です。

たとえば「顧客第一主義」をスローガンとして掲げる会社は数多くありますが、「お客さまの立場に立って、気をきかせるように」と漠然と言われても、それだけでは部下の行動の変化には結びつきにくいでしょう。「ビジョンの共有」とは、一人ひとりの社員が、それぞれ業務の中で、行動レベルで理念を活かしていくことができる状態を指します。

他方、「このデータ分析を、マニュアルの三番通りに、来週の火曜日までに仕上げてほしい」と細かく命じられても、なぜ「火曜日」なのか、どうして「マニュアルの三番」なのか、仕事の意味がわからなければ、やる気が出ません。具体的な指示の背景にある考え方が伝わり、理解されている必要があります。

そこで、目標は上から下に一方通行で与えるのではなく、部下の意見も聴きながら、一緒に設定していくことが大切です。

「このプロジェクトはどうなれば、成功と言えるだろうか?」

「次の四半期の売り上げ予算はいくらまでいけるかな?」

などというように、効果的な質問によって、部下から目標の具体的なビジョンを引き出すのが大切です。

そして、その目標はお飾りではなく、部下にとって常に意識され、実現すべき未来、実現したい具体的なビジョンとしてとらえられなくてはなりません。第2章の「4　目標管理とコーチング」のところでも触れたように、会社からの期待と部下の意欲をすり合わせ、部下が「達成したい」「達成できる」という形で目標を共有する必要があるのです。

そのために目標設定に関する三つのキーワードをご紹介しましょう。

(1)ベビーステップ

新入社員や担当が替わってまだ日の浅い部下など、まだ自分の能力に自信が持てない状況で、いきなり高すぎる目標や課題を与えてしまうと、挫折する確率が高くなります。

まずは、確実にクリアできそうな低めの目標を設定し、それを達成したら次は少し高めの目標というように、徐々にハードルを高くしていく考え方を「ベビーステップ」と言います。

三十センチ刻みの階段は上れますが、三メートル刻みは「絶壁」になってしまいます。

(2)ストレッチ

ある程度、実力がついてきた段階では、あまり努力しなくてもクリアできるような簡単すぎる目標を与えていると、成長が鈍化してしまいます。現状の力そのままでは届かないけれど、背伸びをすれば、何とか届くというようなギリギリの水準まで、やや高めに目標を設定することを**「ストレッチ」**と言います。

ただし、ジャンプしても届かないような絶対に達成不可能な目標を与えるのは逆効果です。小刻みに「通過目標」を設定し、達成感を演出しながら、次第にハードルを上げていく工夫が上司には求められます。

(3)ジャイアントリープ

潜在的な実力は高いのに、これまでのところ、なかなか目立った活躍をしてこなかった。周囲からも「どうして、あのレベルにとどまっているのだろう」と見られている「未完の大器」もいます。そんな部下に対しては、常識の枠を超えた高い目標を与えて、限界に挑戦してもらうという指導方法、**「ジャイアントリープ」**が奏功する場合もあります。

松下幸之助氏は、部下にいきなり「コスト半減」といった目標を与え、従来の前提や発想では通用しない状況を作って、知恵や意欲を引き出すアプローチをとることがありました。まさに崖っぷちに追い込んで「大きな飛躍」を後押しするアプローチと言えるでしょう。

会話例　その１

真田秀之　ＩＴ企業首都圏営業所マネジャー（四十歳）
玉山哲夫　ＩＴ企業首都圏営業所営業社員（入社三年目、二十五歳）
（注）登場人物はすべて仮名です。

真田「今期はよく頑張ったね。特に北関東銀行様の契約をとってくれたのが大きかった。かなり日参してたよね。ほんとうにご苦労さま」
玉山「ありがとうございます。かなりラッキーだった面もありましたから」
真田「来期の売り上げ目標だけど、どこまでならいけると思う？」
玉山「本音を言うと、今期の実績をクリアできるかどうかだと思うのですが、こういうミーティングですから、とりあえず五％アップくらいではどうかなあと。まずいですか？」
真田「そうかぁ。五％アップが達成できたら、どんな気持ちになるかな？」
玉山「まあ、やったー、って感じですかね。でも、実際、やれるかどうか、正直、自信はないんですが」

真田「じゃあ、心の底からやったー、って思えるのは、何％ぐらいできた時だと思う？」

玉山「そうですねぇ。自分の首をしめるのは嫌ですが、一〇％いけたら、どこから見ても大成功だって、胸をはれますね」

真田「ＯＫ。意識が守りに入ると現状維持も難しくなってしまう。この際、どうすれば一〇％をクリアできるか、一緒に考えてみよう！」

＜つづく＞

＜解説＞

真田マネジャーは、一方的に目標を押しつけるのではなく、まず、玉山君の労を具体的にねぎらい、意見を聴くところからスタートしています。今期の目標は達成したものの、まだ自信なさげで慎重な口ぶりの玉山君に対して、真田マネジャーは「ストレッチ」をかけています。

特に「心の底からやったー、って思える」という映像を思い浮かべるように、成功のイメージを引き出しているところに注目してください。

目標設定のミーティングが終わった後、部下ががっくり肩を落として「こんな無理な目標できっこない」と感じてしまっては、達成はおぼつきません。

「高い目標だけれど、頑張れば達成できるかもしれない」と感じられるように、目標設定は明るくしめくくりたいものです。

真田マネジャーの「一緒に考えてみよう！」という言葉は、そんなミーティングにしようという姿勢を象徴した一言と言えるでしょう。

2　現状の把握（Reality）

次は、現状の把握のステップです。自分が今どこにいるかがわからないと、不安な気持ちになるものです。ですから、部下に自分の置かれている立場や状況について、どんな認識を持っているのか、質問を発して引き出しましょう。

上司からの視点だけで、状況をとらえようとすると、部下がつまずくかもしれないポイントを見逃してしまう危険性があります。

そこで、

「今、君は、目標に向けて、何%のところまで到達していると思いますか?」
「何か、問題だと感じていることはありますか?」
「今、担当している仕事の中で、一番充実感を感じるのはどの部分で、一番感じないのはどの部分ですか?」

などと、相手の認識を引き出す質問を投げかけてみましょう。コーチングのうまい上司は、例外なく、部下から、経営判断に必要な情報を引き出すスキルに優れている人です。

また、部下がどんな気持ちで仕事に取り組んでいるのか、感情面を掌握しておくことも大切です。その上で、違う角度から光を当てて、状況のとらえ方の幅を広げたり、部下が気づかなかったチャンスやリスクを共有していくことになります。

会話例(その2)

真田「ところで、来期に向けて、今、気になっていることはありますか?」
玉山「そうですねえ。一〇%アップをクリアするためには、少なくとももう一社、新規開拓する必要があると思うんですが、なかなかその時間がなくて」

真田「時間の確保も大切なことなので、ちょっと後で検討したいけど、もう一社、新しい顧客を開拓するとして、どこか狙いをつけているところはあるのかな?」
玉山「ええ、官公庁なんですが、最近はコスト削減についてうるさいですし、入札制度を変えるところもあるみたいなので」
真田「市町村合併でシステムを統合する需要もあるよね」
玉山「ええ、そうなんです。ただ、僕は今まで、民間企業ばかり担当してきたので、お役所に通じるか、自信がなくて」
真田「具体的に言うと、どんなところが心配なのかな?」
玉山「まだ、よくわからないんですが、仕様書一つ書くにしても、自治体によって用語が違うみたいなんです」
真田「みたい、っていうことは、まだ、そこまでは調べてないってことかな」
玉山「ええ、なかなかその時間がなくて」
真田「用語については、民間企業でも、ほら、銀行とかが合併した直後は、ごたごたしていたみたいだけど、すぐに統一されたし。仕様書の段階でカスタマイズするのは、そんなに難しくないいんじゃないかな?」

玉山「そう言われてみれば、そうですね。役所には、あまり足を運んだことがないので、心配しすぎているのかもしれません」
真田「初めての時には誰でもそうさ。でも、君の得意な日参を続ければ、きっとそのあたりは、難なく解決できるんじゃないかな」

〈つづく〉

〈**解説**〉

この会話の中で浮かび上がってきた事実としては、

- 前年比一〇%アップ達成のためには一社新規開拓が必要
- 狙い目は官公庁（コスト意識、入札制度の変更、合併需要などがチャンス）

ということが共有されました。

他方、玉山君は、役所用語について、漠然とした不安を感じていましたが、真田マネジャーは、そうした心配な気持ちに共感を示しつつ、「民間企業でもよくあること」と視点を変えることで、不安の払拭に成功しています。

さらに、玉山君の強みである「粘り強い日参」が、官公庁に対しても、効果的な戦略になることをそれとなく示唆して、解決の方向性を匂わせています。

ここで、もし真田マネジャーが、

「もう一社、新規開拓しろ」

「お客さまの用語に合わせるのは当然だ」

「そういう時には日参すればいいじゃないか」

などと命令を連発していたら、部下は「はい」とは返事をするものの、不安は消えず、モティベーションも高くならなかったのではないでしょうか。質問によって、玉山君自身が自ら「やろう」という気持ちをうまく引き出しているところに注目してください。

3　資源の発見（Resource）

ＧＲＯＷモデルの三番目のステップは「資源の発見」です。

資源とは、**「目標達成に使えるもの」**という意味です。会社には、それぞれ経営目標があります。そして、その経営目標を達成するために使えるものを**「経営資源」**と言います。

昔は、経営資源と言えば「人、もの、金」の三つがあげられていましたが、現代では**「人、もの、金、情報、時間」**の五つをあげる場合が多いようです。

そして、管理職（manager）の役割とは、人のマネジメント、もののマネジメント、お金のマネジメント、情報のマネジメント、タイムマネジメントを通じて、経営資源を有効に活かし、与えられた組織の目標を遂行していくことです。

コーチングのプロセスの中で、「困ったなあ」「この問題はどうしたら解決できるだろうか」と壁にぶつかった時には、

「誰かそのテーマに詳しい人の力を借りられないか？」

「今までの企画書の中で使えそうなものはあるかな？」

「何かプレゼンに使えるツールはないだろうか？」

「本社からどんな協力があると助かりますか？」

など、使いうる資源を探していくと、解決策が浮かび上がってくる場合があります。

そして、新しい知識やアイディアを人から与えてもらうのではなく、部下自身の内外にある資源に気づき、それを効果的に活用しながら、主体的に動いていく必要があります。そこを引き出していくことが上司の役割です。

会話例　その３

真田「さっき、時間がないって話が出たけど、今、残業時間はどのくらいかな？」
玉山「月に五十時間くらいだと思います」
真田「そうかぁ。ほんとうによく頑張ってくれているね。で、新規開拓のための時間を捻出する必要があるんだけれど、削れそうなところってあるかなぁ？」
玉山「削るところですかぁ。ほんとうは所内の会議が短くなると、ありがたいんですけど、それは無理ですよね？」
真田「う、うん。そこは、私も気をつけることにしよう。会議は短めに。私の来期の努力目標が一つはっきりしたな。ほかには、削れるところはないだろうか？」
玉山「そうですねぇ。やはりメールと資料探しかもしれません」
真田「う、うん。私も耳が痛いところばかりだな。しかし、確かに、そのあたりも重要だろう。これまでのやり方を変えることで、どのくらい時間が生み出せると思う？」
玉山「そうですねぇ。結構時間をとられているとは思いますが、短縮できるのは、せいぜい週に二、三時間かもしれませんね」

真田「そうかぁ。メール対応にかける時間と資料探しに費やす時間を短くする。これは私も、君に負けないように努力することにしよう。まずは、ファイリングのやり方から変えていくことだな。ところで、たとえば、上州の市役所の新規開拓にトータルでどのくらいの時間が必要だと思う？」

玉山「そうですねぇ。民間企業の場合、週に一回二時間の訪問を三カ月続けたとして二十四時間。準備にはその五―六倍の時間がかかりますから、ざっと百五十時間。上州の市役所までは移動時間もかかりますし、初めてのことですから、最低でも二百五十時間くらいは必要だろうと思います」

真田「具体的に計算してくれてありがとう。となると、君が年間二千五百時間働いているとして、約一〇％ということになるね」

玉山「なるほど、そうすると、毎日一〇％のエネルギーを市役所のプロジェクトにあてればいいってことですね」

真田「まあ毎日とはいかないだろうけれど、目安としては、そういうことになる。売り上げを一〇％伸ばすために、一〇％の時間を割く。そのために会議やメールといったタイムイーターたちも一〇％削減していこう」

＜つづく＞

＜解説＞

この会話例では、最初、「短縮できるところはないか」という質問からスタートしたために、会議やメール対応、書類探しといった、「タイムイーター」（時間を食う活動）というミクロな話題に終始して、あまり、前に進まなくなってしまいました。

その時に、真田マネジャーは、「そんなことは関係ない」などと否定しないで、むしろ、自分自身にとっての努力目標と受け止め、Let's の気持ちで話を続けていた点が、良いコーチとしての面目躍如というところでした。

そして「上州の市役所の新規開拓にトータルで必要な時間」というマクロなテーマに軌道修正した判断が功を奏しました。一週間は百六十八時間、平均的な労働時間は年に二千時間、といった数字が頭に入っていると、具体的な資源の配分の目安が容易につきます。

ここでは「時間」という経営資源にターゲットを絞って話が進みましたが、もちろん「人、もの、金、情報」といった他の資源の発見にも、同じような質問が使えます。

4　選択肢の創造（Options）

ＧＲＯＷモデルの四番目のステップは「選択肢の創造」です。

これまでと同じ「いつものやり方」を繰り返しているだけでは、うまくいかない場合があります。そんな時には、選択肢は無限にあるという立場に立って、新しい方法を戦略的に考えていくことが大切です。

他の方法をいっさい検討せずに、「いつものやり方」に、ぱっと飛びついてしまうことを「**短絡的発想**」と呼びます。これに対して「目標達成のために、数多くの選択肢を考え、検討し、その中からベストの方法を選ぶ」ことを「**戦略的発想**」と言います。

ですから、コーチングの中では次のような質問が有効です。

「これまでに実行した中で最高の方法は？」（過去ベスト）

「今まで試したことのない新しい方法はありますか？」（未トライ）

「これまでのやり方をひとひねりするとどうなりますか？」（アレンジ）

「他社や他部署では、どんなやり方を行なっていますか？」（他社事例）

「もし君がお客さんだったらどうしてほしい？」（視点変更）
「ほかにありませんか？」（ワンモア）
「もし敏腕のA先輩だったらどんなやり方をすると思う？」（イフ）
などと部下に質問し、上司自身も一緒に考える姿勢を持っていただきたいと思います。
この際、部下が出してきた選択肢を否定しないことがポイントになります。最善の方法を選ぶためには、まずはたくさんの選択肢を創造することが前提になるからです。

会話例　その4

真田「じゃあ、実際、上州市役所の契約をとるために、どんな作戦が考えられるかな？」
玉山「うーん。そう突然ふられても、どこから考えたらいいのか……」
真田「うん、君が北関東銀行の契約をとった時の戦略で使えるものはないだろうか？」
玉山「はい、あの銀行の場合には、たまたま高校の同級生がシステム系の子会社に就職していたんで、いろいろ話を聴くことができました」
真田「なるほど。上州市役所の場合には、友達はいないかな？」

玉山「友達ではないんですが、父の友人が確か市役所を勤めあげて、今は外郭団体に出向しているはずです。ちょっと、父にきいてみます」

真田「それはいい。やはりちょっとした情報でも、役に立つことがあるからね。ほかに、営業戦略としてはどうかな？」

玉山「ええ、今、父の話が出て思い出したのですが、父は昔、電機メーカーで官公需を担当していたことがあったので、そのあたりの経験を聴いてみたいと思います」

真田「それも情報収集としてはいいね。ほかにないかな？　たとえば、機能面で、どこをアピールするとか？」

玉山「アピールするとすれば、機能よりも、価格かもしれません。機能的には、どこの会社も似たり寄ったりですし、一市役所のためにそんなに特別なファンクションをつける必要もないでしょうから。むしろ……」

真田「むしろ？」

玉山「徹底的にどこまで価格が落とせるか、検討してみます。うまくいけば上州市だけでなく、県内全部、同じシステムでいけるかもしれませんから、スケールメリットでコストダウンできる可能性もありそうです」

真田「それは、とても有力な戦略だね。ほかに打てる手はないかな？」

＜つづく＞

＜解説＞

真田マネジャーの最初の質問は、やや茫漠としていて答えにくいものだったようです。そんな場合には、即、部下にとって答えやすい質問に切り替えていくことが大切です。ここでは、北関東銀行の成功事例を振り返るという、玉山君にとって、思い出して話した時に元気の出るトピックを選んだのが正解だったようです。

どんなに熟練のコーチでも、最初から、ベストの質問が発せられるという保証はありません。いろいろな質問を投げかけながら、相手の反応に応じて、臨機応変に質問を切り替えていく力が、機動的な質問力と言えるでしょう。

そして、玉山君の父親の話から、市役所の情報収集についてアイディアが出されたわけですが、ややテーマが偏ったと感じたのか、真田マネジャーは「機能面のアピール」に質問の軸足を移しています。

実際には、「機能」ではなく、「価格」を重視した戦略が有力になったわけですが、重要なのは「複眼的な視点」で物事を考えることです。一つの「テーマ」を深く掘り下げることが有効な場合もありますし、様々な角度から光を当てることで、全体像が初めて見えてくる場合もあるでしょう。

5　意志の確認、計画の策定（Will）

ＧＲＯＷモデルの最後は「計画の策定」「行動の計画化」です。

もちろん、willという英単語は**「目標達成の意志」「やる気」**を表す言葉ですが、ただ、部下が「やる気はあります」「頑張ります」と言っても、「いつやるのか、いつまでにやるのか」が明確でないと、行動が先送りされてしまう場合がままあります。

相手のやる気は今、どのくらいのレベルにあるのかを見極め、もし下がっているとしたら、ほめたり、励ましたり、あるいは叱咤したりすることで、モティベーションを高めることが必要です。

そこで、コーチングセッションのしめくくりに、

「行動の第一歩はどこからいこうか？」

「じゃあ、その方針でいくとして、いつまでにできるかな？」

「それが最終ゴールとしたら、今月末までにはどこまでできるだろうか？」

などと、行動をスケジュール表に明記するような質問文を投げかけて、部下に答えさせるとよいでしょう。

「君は、いつまでに、これをやりたまえ」と命令されて、仕方なくやらされるのと、「私は、いつまでにこれをやります」と自分で宣言して、行動するのとでは、おのずから意欲と生産性が異なります。

会話例　その5

真田「さて、いろいろアイディアが出たけれど、どこから手をつけようか？」
玉山「まずは、価格をどこまで落とせるか、調べてみたいと思います」
真田「そのためには？」
玉山「そのためには、まず、本社の設計セクションの小田切君と話をしてみるところからですね」
真田「いつくらいに最初のミーティングをしたらいい？」
玉山「そうですね。今週は信用金庫のフォローがいろいろ入っているので、来週の火曜日以降になりますね」
真田「じゃあ、アポとりのメールは即出してもらうとして、価格戦略を重視した資料を作るために、大切なポイントを三つあげると、何かな？」
玉山「三つですか？　一つ目は、やはり、どんな機能を持たせるかを、あらかじめ決めておかないといけませんね」
真田「そうだね。二つ目は？」
玉山「二つ目は、納期ですね。納期をちょっと長めにすれば、海外の外注先が使えますから」
真田「なるほど。そのあたり、自治体は予算審議のサイクルがあるはずだから、お父様から時期的な目安を伺っておいてくれたまえ」
玉山「そうします。で、三つ目ですねぇ。うーん、ちょっと思いつかないなぁ。うーん、うーん」

真田「さっき話が出たロットの件はどうかな?」
玉山「あっ、そうですね。県内に水平展開できれば、コストは大幅に下げられますが、全部とれるとは限らないんで、いくつとれるかによって、見積もりを数パターン作ってみます」
真田「機能、納期、ロット。うん、この三つを押さえて、小田切君と打ち合わせてくれたまえ。君はまだ三年目なのに、こうして戦略的な打ち合わせが効率的にできると、私もとてもうれしい。期待しているよ」
玉山「はい、ありがとうございます。頑張ります」

＜おわり＞

＜解説＞

一対一のコーチング・セッションのしめくくりに、具体的な行動計画を立てて確認するのは、定石と言えるでしょう。そこで、「来週の火曜日以降に本社の設計担当者と打ち合わせする」という枠組みを決めるならば簡単です。ただ、その打ち合わせが、さらに有意義なものになるように、真田マネジャーは「リスト3」の質問テクニックを使って、価格戦略の中で「機能、納期、ロット」というツボを押さえることに成功しています。

最後に、ミーティングが有意義なものであったという感想を述べ、玉山君を励まし、期待を伝えているのは、効果的な「承認のスキル」です。

こういう雰囲気で、目標設定のコーチングが行なわれれば、成功する可能性は、かなり高くなるでしょう。少なくとも、部下の表情は、明るく輝いたものになっているはずです。

「実際、こんな風にうまくいくだろうか？」

とお思いになる読者もいらっしゃるでしょう。「必ずうまくいく」という保証はできませんが、一方通行型の指示・命令で目標を押しつけるよりは、コーチング的なコミュニケーションをとり入れることで「うまくいく確率が高くなる」とは言えると思います。

そして、スキルですから、使えば使うほど上達します。逆に使わないと、すぐに錆びてしまいます。ぜひ、「傾聴」「質問」「承認」のスキル、そして、「GROWモデル」を、あらゆる機会をとらえて、いや、機会を創って、実践していただきたいと思います。

第7章　ケーススタディ

さて、第6章でも、上司と部下の会話例を見てきましたが、会社の中で、どのようにコーチングが行なわれるのか、イメージをつかんでいただくために、三つのケースを取り上げて、ポイントを検討してみましょう。なお、登場人物の名前はすべて仮名です。

1　無表情な部下のコーチング

〈登場人物〉
島田珠子　西日本百貨店贈答品売り場主任　（三十六歳）
山田葉奈　西日本百貨店贈答品売り場に配属されて二年目の契約社員（二十五歳）

（その1）

島田主任は、贈答品売り場の責任者を任されて三年目。自分自身の接客能力には自信があり、部下の指導もそつなくこなしてきました。ところが最近、山田さんがお客さまに接する姿勢に、心がこもっていない印象を持っています。この売り場に配属された当初は、いつも明るく一生懸命に接客していた山田さんが、このところ無表情でうつろな感じなのです。

口うるさい上司と思われたくない、という気持ちの強い島田主任でしたが、年配のご婦人に対して、あまりにも無愛想だったので、さすがに見かねて注意することにしました。

島田「山田さん、お疲れさま。さっきのお客さま、どんな感じだった？」
山田「はい……。別に普通だったです」
島田「普通って。無表情だったから、ちょっと気になったんだけど」
山田「すみません」（ぺこりと頭を下げるが、次の瞬間、また、表情が曇る）
島田（心の声）《もうまったく。何、考えているのかしら。今の若い子は接客の基本がわかってないわね》
島田「あのねぇ、私たちの仕事は、お客さまとの会話が命なのよ。いつも笑顔が大事って言っているでしょ」

山田「はぃ……」（心を閉ざした顔つきのまま）

島田「さっきのお客さまは、大事な上得意様だから、あなたを信頼して任せてたんだけど、ちゃんとお客さまの立場に立って応対できてたと思う？」

山田「すみません」（貝の中に閉じこもったような姿勢）

島田（心の声）《ふてくされちゃったみたいね。ちょっと、やさしく言ったほうがいいかしら》

島田「この売り場に来た頃は、あんなに頑張っていたじゃない？　あなたは笑顔もかわいいんだから」

山田「……」（どんどんうつむいていき、視線も合わそうとしない）

島田（心の声）《困ったわ。ちょっとやさしくアプローチして、機嫌を直してもらおうかしら》

島田「今晩、よかったら軽くお食事でもどう？　美味しいワインのお店があるんだけど……」

山田「あのぉ……予定があるので、失礼します」

島田「山田さん……」

＜つづく＞

＜**解説**＞

これは完全に「お説教モード」になっていて、山田さんの声を聴き、持ち味を引き出すことができていません。途中で、軌道修正を試みた島田主任でしたが、コミュニケーションは、すれ違ったままで終わってしまいました。

島田主任は「お客さまの立場に立って」というメッセージを強調していますが、彼女自身が「山田さんの立場に立って考える」という発想は持っていなかったようです。山田さんが、今どんな気持ちでいるのか、部下の気持ちに寄り添うような**共感の姿勢**を示すことが、関係改善の第一歩として必要だったようです。

（その2）

翌日、コーチングの本で、部下指導の基本を復習した島田主任は、「傾聴」「質問」「承認」を意識して、山田さんと話し合うことにしました。

島田「葉奈ちゃん、今、ちょっといい？」
山田「は、はい」
島田「昨日はごめんなさいね。何かあなたを追いつめるような感じでお説教しちゃったりして」
山田「いいえ、そんな。私が悪かったんですから。私のほうこそ、すみませんでした」
島田「葉奈ちゃんは、笑顔がすてきなのに、最近、その笑顔が少ないものだから、何か悩み事でもあるんじゃないかと思って。私でよければ、いつでも相談に乗るわよ。恋愛相談でもいいわ」
山田「あのーぉ」
島田「何？」

山田「私、そんなに表情、暗いですか？」（泣き出しそうな顔になって）

島田「どうしたの、急に。いや、私は、あなたが無表情だとか、しんきくさい顔だとか、言ってるんじゃなくて……」

山田「やっぱり、無表情で、しんきくさい顔なんですね」

島田「ごめんなさい。私、何を言っているのかしら。私が言いたいのは、そうじゃなくて、あなた、表情のことで何か、悩みがあるの？」

山田「ええ」

島田「私のこと信じて、話してみてくれる？」

山田「は、はい。実は先週なんですけどぉー。あるお客さまが、帰りがけに、私のこと、『無表情な人ね』っておっしゃっていたのが聞こえて……」

島田「あら、そうー。それで？」

山田「それで、鏡を見たら、ほんとうに、私の顔、無表情で。これじゃあ、お客さまにも好かれないだろうし、恋人だってできないだろうし……。私、この仕事、向いていないんじゃないか。私に向いた仕事なんてないんじゃないかって……」

島田「ちょっ、ちょっと待って。まず事実を確認したいんだけど、一人のお客さまが、ある日のあなたの表情を見た時に、無表情だって感じられて、そうおっしゃった、ということ？」

山田「はい」

島田「その『無表情な人ね』っていう言葉は、あなたに対して向けられていたの？」

山田「多分、そうだった、と思うんですけど……」

島田「あら、まず、そこから思い込みがあったかもしれないわね。今となっては確かめようがないけれど、その言葉は、誰かほかの人に向けられていたのかもしれないわね」

山田「でも、鏡の中に、ほんとうに無表情な私がいたんです」

島田「ふふふ」

山田「主任、何がおかしいんですか？」

島田「無表情な私がいたんです、なんて、情感豊かで、とてもドラマチックなセリフなんで、つい、おかしくなっちゃって。ごめんなさいね。でも、百歩譲って、そのお客さまが、その時のあなたの表情をご覧になって、無表情な人って感じられたとしても、それで、あなたが無表情な人だということにはならないわ」

山田「すみません。わからなくなっちゃいました」

島田「つまり、そう感じたのは、たった一人で、それ以外の何百万人もの人は、あなたの笑顔がすてきって思っているかもしれないわけでしょ」
山田「そんなぁ。きっとほかの人にも、そう思われているんだと思います」
島田「へえ、あなたって、とっても一途な人なのね。ちょっと見直したわ」
山田「そんなぁ。はぐらかさないでください」
島田「つまりね、一人のお客さまのつぶやきでも、しっかり拾い上げて、自分の行動を変えようとしている。あなた、毎日、真剣勝負しているのね。私も見習わなくっちゃ」
山田「そんなぁ。私、どうしたらいいかわからなくって……」
島田「じゃあ、笑顔を増やすために、明日からどんなことができるか、一緒に考えてみましょうよ。まず、鏡を見て、スマイルの練習をするのは基本ね。にぃーって、口角をあげてみて」
山田「え、今、やるんですか？　に、にぃーっ」
島田「そう、そう、そんな感じ。とってもすてきだわ。それでいきましょうよ」
山田「でも、いつもできるかどうか……？」
島田「あなたならできると思うけど、でも、もしも、笑顔が少なめになっていたら、私が後ろから、ひざかっくんしてあげるわ」
山田「主任たら、お茶目なんですね」
島田「そうよ、今みたいな表情でいきましょう。私もあなたの笑顔から元気をもらうわ。あら、お客さまがいらしたわ。早速、あなたのスマイルで悩殺してきてね！」

＜**解説**＞
（その1）と比較して、島田主任のコーチングは、格段に進化していました。いくつか改善されたポイントを見ていきましょう。

・名前の呼びかけ方
（その2）では「葉奈ちゃん」とファーストネームで呼びかけています。社風や状況にもよりますが、**心理的距離を縮める**ために、名前の呼びかけ方を変えるのは一つの方法です。

・自分から謝る
前日のミーティングの気まずさについて、部下を非難するのではなく、自分の責任であると伝えています。心を閉ざしがちな部下の心を開くためには、まず、上司が自らの胸襟を開くことが大切です。

・ユーモアをまじえる

コーチングが真剣なのは結構ですが、深刻なコーチングは、部下の行動改善につながりません。場の雰囲気をやわらげるために、島田主任はユーモアのセンスを駆使しています。

・事実と認識を峻別する

部下の話をよく聴きながら、客観的な事実の部分と、部下の勝手な思い込みの部分を分ける作業を行なっています。状況のとらえ方が前向きに変わると、その後の思考や行動も前向きになる可能性が高くなります。

・具体的な行動で即、示す

口角をあげる練習をその場でやってもらったり、早速、接客を担当させたり、行動の変容を促しています。頭の中であれこれ考えているばかりでは、暗い方向に流されていくようなテーマでも、実際の行動にはそれなりの達成感がありますから、そこを見逃さず、望ましい行動のパターンを強化していくアプローチが効果的です。

（その２）において、島田主任のコーチングはＧＲＯＷモデル通りではなく、選択肢は一つしか俎上《そじょう》にあげていません。しかも、上司自らが提案したものだけです。ＧＲＯＷモデル（あるいはほかのコーチングのアプローチも）は、あくまでもガイドラインですから、いつもそのパターンを踏襲しなければならないということではありません。選択肢を増やすよりも、一つの行動のほうが重要度が高い場合には、躊躇せず、状況に応じた行動をとる臨機応変な姿勢が望ましいと言えるでしょう。

・できていることを承認する

「もっとスマイルしなさい」という言葉の前提には、「今のあなたはスマイルができていない」という否定的なメッセージがあります。うまくできている瞬間を見逃さず、「今のスマイル続けてね」と伝えたほうが、行動が持続的に進化していくのです。

2　ベテラン営業マンのコーチング

＜登場人物＞

江口洋一　ＯＡ販売会社仙台営業所マネジャー（三十八歳）

美濃田文太　ＯＡ販売会社仙台営業所係長（五十三歳）

美濃田さんというベテラン営業マンが、江口さんのチームに配属されました。かつては、営業成績も高かったのですが、現在は意欲に欠け、肩書は係長のままでずっととどまっています。客先を訪問すれば、弁舌巧みに新しい商品を紹介する力はあるのですが、訪問件数が若手の半分以下です。そのくせ、飲み会の席では、若手に長々と説教話をするので、営業所でも煙たがられています。

江口マネジャーは、一対一でコーチングすることにしました。

江口「美濃田さん、今日も寒い中、お疲れさまでした。今日は、何件くらい訪問してきたんですか？」
美濃田「ええ、まあ、ぼちぼちですけど」
江口「美濃田さんは、腰を痛めているんですか？」
美濃田「えっ！　驚いたなぁ！　知っていたんですか？」
江口「いいえ、さっき外から帰ってきた時に、机に鞄を置いてから、腰を伸ばす仕草をされていたので」

美濃田「見られちゃいましたか。実は、ここ三年くらい、冬の時期はつらいんですよ。もう、身体中、ぽんこつになっちゃってて、満身創痍《そうい》、思うように動かないんですよ。ただね、それで、訪問件数が少ないっていうことじゃないんですよ」

江口「えっ！」

美濃田「だってそうでしょう。マネジャーが、私のことを呼んで、ご指導になるっていうことは、あんまり私の成績が悪いんで、もっと訪問件数を増やせって、おっしゃりたいんだっていうのはわかります。確かに、腰も痛いし、ブルーベリーを飲んでも、目はかすむし、いくら胡麻を食べても、元気が出ないんですよ」

江口「しゃべる元気だけは、人一倍ありますよね。でも、訪問件数が少ないことは、自覚をお持ちのようだから、その理由を聞かせてもらってもいいですか？」

美濃田「それが、私にもわからないんです」

江口「わからない、って、どういうことですか？」

美濃田「私もね、朝、出かける時には、今日は二十件まわろうとか、ばりばりやろうって、そういう気持ちはあるんですよ。そこは、わかってくださいね。ただ、二、三件まわると、もう息切れしちゃうっていうか。いや、心肺機能は大丈夫なんです。この年でも肺活量は落ちていないんで、そこだけはぴんぴんしているんですけど。ここから、また一日が長いなあ、なんていう気持ちが湧いてきて、とたんに、足が重くなっちゃうんですよ」

江口「ちょっと確認したいんですけど、それは、契約がとれなかった時に足取りが重くなるっていうことですか？」

美濃田「いや、それがそうでもないんで、契約があっけなくとれちゃう時もあるんですよ。こないだも、えらくあっけなく、新しいシュレッダーを納められて、個人情報保護法のおかげだと思うんですけどね。金額的には大したことないんですけど。ただ、そんな風にうまくいった時にも、俺、こんなことやってていいのかなぁ、なんて思えてくるんです」

江口「そうなんですね。私は、そういう境地になったことがないので、教えていただきたいんですが、『俺、こんなことやってていいのかなぁ』っていう心理を、もう少し、具体的に話してもらえますか？」

美濃田「いや、心理なんてご大層なもんじゃないんですけどね。ご存じの通り、私も今年五十三歳になりまして、信長風に言えば『人間五十年、下天のうちを比ぶれば、夢幻のごとくなり』っていうか、人生の集大成っていうか、そろそろ自分の一生を振り返る時期じゃないですか。でもね、私はこの仕事、三十年やってきて、同期には役員になった奴もいるし、退職して実家で畑仕事をしながら、孫をかわいがって晴耕雨読、悠々自適なんて奴もいるでしょ。そんな奴らの人生と比べて、俺の人生っていったいなんだろう、俺だけ相変わらず、こんなことやっててていいのかなぁ、って思うんですよ。いや、あいつらがうらやましいとか、いうんじゃないですよ。僕なんかが重役になったら、この会社が右往左往、七転八倒しちゃいますからね。ただ、どこか気持ちの中に、一抹《いちまつ》の寂しさっていうか。わかってもらえるかなぁ。中年のむなしさっていうか虚脱感っていうか。なんか、愚痴っぽくなっちゃいましたね。すみません。でも、そんな感じなんですよ。わかってもらえますかねぇ」

江口「……」

美濃田「すみません。つい、一方的にまくしたてちゃって。昔からこうなんですよ。『おしゃべりの美濃田』『立て板に最上川』なんてね、話のスイッチが入ったら、止まらなくなっちゃうんですけど」

江口「いや、こちらこそ、どうお話ししたらいいのか、考えていたんですけど。今、私が感じたことを申し上げてもいいですか？」
美濃田「はい。今は、私がマネジャーのお話を拝聴する時間ですよね。失礼しました。どうぞお願いします」
江口「三点あるんですけど、一つは、美濃田さんの話す力は天下無双、すごいの一言ですね。初めて『立て板に最上川』の真骨頂を見せていただきました」
美濃田「いや、まだこれは序の口で」
江口「二点目は、ボキャブラリーが豊かだということですね。昔から、国語の成績は良かったんでしょうねぇ。四字熟語がこれだけよどみなく使える人材は、今時めずらしいと思います。そして、三点目なんですが」
美濃田「三点目は？」
江口「目標を見失っていますね」
美濃田「……」
江口「『俺、こんなことやってていいのかなぁ』というのは、本音なんだと感じました。今のお仕事に意味を見出せなくなっていらっしゃるように、お見受けしました」
美濃田「まいったなぁ。そんなに、思いっきり、ズバッと言われてしまうとは、想定外でした」

江口「冗談めかして、お話しになっているけど、これは、ほんとうに人生の根幹にかかわる大切な問題です。私も、性根を据えて、今、美濃田さんに向かい合っています」

美濃田「は、はい」

江口「美濃田さんが目標を再発見するために、私ができることは何ですか？」

美濃田「マネジャーに何かしていただくって、ことですか？」

江口「そうです。これは想像ですが、美濃田さんが会社にお入りになった時、目標はすでにそこにあった。会社のために汗を流し、業績をあげていくことに喜びも感じられた。だから、目標を見定める、なんてことは考えるまでもなかった。そう、ですよね」

美濃田「そうですね」

江口「でも今は違う」

美濃田「ええ」

江口「ですから、美濃田さんが打ち込める目標を、私と一緒に考えてみませんか、ということをご提案しているんです」

美濃田「なるほど、ありがとうございます。打ち込める目標ですね」

江口「美濃田さんが大切にしている価値を、三つの言葉で表すとしたら、何ですか？愛とか、正義とか、情熱とか、もちろん、漢字でなくてもいいんですが？」

美濃田「そう来ましたか。うーん、何かな。愛とかは、照れくさいですね。一つは、情熱に近いんですけど、『エネルギー全開』かな。私は、高校球児だったんです。甲子園とかのレベルじゃないですよ。でも、あの頃は、毎日が『エネルギー全開』だったですね。チームが一丸となっているのが快感だったですね。そう、二つ目は『チーム一丸』かな。昔は、営業所が一つになって燃えるような勢いがありましたから。今は、目標って言っても、まず、個人目標ありきじゃないですか。お互いに助け合うなんていう義理人情はすたれちゃって、自分さえ良ければいいみたいな、ちょっとそういうのは寂しいですね。ああ『義理人情』は好きな言葉ですね。愛よりも、こっちのほうがしっくりくるな」

江口「『エネルギー全開』『チーム一丸』『義理人情』、美濃田さんらしいですね。やっぱり、目標がはっきりしていると、実力が出せるほうなんですよね」

美濃田「恐れ入ります。何か、マネジャーに真っ裸にされてしまったようで、気恥ずかしい感じがします」

江口「一つ提案があるんですけど、いいですか？」
美濃田「何でしょ」
江口「美濃田さんにこの営業所の『チームスピリット』プロジェクトの責任者になっていただきたいんです」
美濃田「それって、どういうことですか？」
江口「つまり、昔と同じようにはいかないかもしれませんが、営業所全体が一体になって雰囲気を盛り上げていく、そういうプロジェクトの推進役になっていただきたいと思うんです」
美濃田「何をすればいいんですか？」
江口「それは、これから一緒に考えていきましょう。詳しくは次回のミーティングで相談して、活動の柱を詰めていきたいと思います。でも、美濃田さんがおっしゃった三つの言葉は、まさにこの営業所にとって、今一番、必要なことだと思うんです。そして、それを実現するための最適任者が美濃田さんであることは間違いありません。よろしくお願いします」
美濃田「わかりました。マネジャーにそこまで頭を下げられたら、いやとは言えません。

というか、喜んで、って気持ちです。こちらこそよろしくお願いします」
江口「では来週の水曜日に、次回のミーティングをしましょう。その時までに、美濃田さんも『チームスピリット』を高めるアイディアを考えておいてください」

＜解説＞

・沈黙でペースを変える

前半は、美濃田さんの機関銃のような言葉の連射に、たじたじとなっていた江口マネジャーでしたが、途中で、ペースを切り替えることに成功しています。きっかけとなったのは、沈黙でした。軽いあいづちを打ち続けていると、調子に乗って、話が止まらなくなってしまう人もいます。まくしたてるように自分のことを話すのは、実は**「防衛的反応」**であることが多いのです。

「相手の話を聴いている」間は、何を言われるのかわからないので、不安な気持ちになる場合があります。自分が無防備になるのが怖い時、自分のペースで話し続けるという人を時々見かけます。

沈黙の間をとることによって、静かな空気を作り出し、クールダウンするきっかけを作った後、「今、私が感じたことを申し上げてもいいですか？」と、ストレートに**「許可取りの質問」**を切り出しています。

コーチングの基本は、相手の話のリズムやトーン、スピードに合わせて聴く**「ペーシング」**ですが、それでは埒《らち》があかない場合には、ペースを変えて、話の主導権をとる必要もあるでしょう。話の雰囲気が変わった後半は、美濃田さんの言葉が短くなっています。これは、不安な気持ちがかなり払拭《ふっしょく》され、落ち着いた心境になっていることの現れです。

・意味を見出す

このケースで注目していただきたいのは、江口マネジャーは、美濃田さんに対して「訪問件数を増やすように」という指導をまったく行なっていないことです。つまり、訪問件数は結果であって、根本的な原因は、ほかのところにあると看破した江口マネジャーは、美濃田さんが「訪問件数」を口にした時にも、あえて、そこには触れず、その奥にある「意欲」をテーマとしてコーチングしようとしていました。

最初、鋭い観察力を発揮して、美濃田さんの「腰の痛み」を発見しましたが、そこが核心ではなかったと感じると、すぐに頭を切り替えて、美濃田さんの話にとことん耳を傾けようとしています。上司の中には、自分の立てた仮説にしがみついて、相手の話を聴かなくなってしまう人もいますが、先入観に基づいてコーチングするのは危険です。自分が立てた仮説を潔く手ばなすのも、上司の力量の一部です。

江口マネジャーは、美濃田さんが、仕事に意味を見出すサポートの一環として、価値観について**「リスト３」**の質問を発し、「エネルギー全開」「チーム一丸」「義理人情」というキーワードを引き出すことに成功しました。

この後も、ＧＲＯＷモデルの流れに沿って、質問によって、美濃田さんから、具体的な行動計画を引き出していくことも可能だったわけですが、ここでは、「チームスピリット」プロジェクトの責任者を任せるという提案でしめくくっています。

ひょっとすると、江口さん自身が、美濃田さんの話を聴くことに疲れたのかもしれません。あるいは、上司がここまで心を開いて、共感して聴いてくれたことで、美濃田さん自身が翌日からの仕事ぶりが変わる手応えを感じたのかもしれません。話の長い人の中には、他者からの承認のメッセージを必要としているケースがよくあります。時間が限られている場合には、短時間のうちに、多めに承認のスキルを使うことで、話を短く切り上げることができます。

来週の水曜日に、次回のミーティングをセットしましたが、それまでの間にも、美濃田さんには、まめに声をかけるのが、意欲を引き出すポイントです。「おしゃべりでうるさい年上の部下」だと思えば、敬遠したい気持ちになるものです。「人なつっこくて絶妙な話術を備えたチームプレーヤー」と**プラスサイドに視点を変える**ことが、活躍を実現する鍵になります。

3　上司に対する依存心が強い部下のコーチング

＜登場人物＞

岡田准三　ＩＴ関連ベンチャー企業の総務部門リーダー（三十五歳）
仲島健人　ＩＴ関連ベンチャー企業に入社した新人社員（二十二歳）

（その1）

政府をはじめ国を挙げて長時間労働の解消、女性の積極登用の流れが加速する中、岡田リーダーの会社でも、労働時間短縮への取り組みを強化することになりました。この取り組みは、会社全体を把握することにもつながるため、先週、岡田さんは、あえて新人の仲島さんにプランを策定するよう指示を出しました。

仲島さんは、「わかりました、頑張ります！」と言って張り切っていましたが、週が明けて早々、岡田リーダーのもとに相談があると言ってきました。

岡田「お、仲島くんか。例の時短計画のプランづくり、進んでいるかい？」
仲島「あ、はい……。いえ、実はちょっとご相談が……」
岡田「今ちょうど忙しくてね。少しの時間でいいかい？」
仲島「構いません」
岡田「で、何だい相談って？　プランのことだろ？」
仲島「はい、実は、どこから手をつけたらよいかわからなくて……」
岡田（目を見張って絶句する）「え？　どういうこと？」
仲島「どうやって進めていったらいいでしょうか」
岡田（心の声）《おいおい、指示してからもう三日も経っているのに、いまさら何を言い出すんだよ》

岡田「仲島くん、あの時、『わかりました！』って言ったじゃないか」
仲島「すみません」
岡田「わからないなら、わからないって言ってくれよな」
仲島「……」
岡田「まあ、黙ってても話は進まないからさ。進め方がわからないんだよね」
仲島「はい……」
岡田「じゃあね、まずは労働基準監督局のガイドラインを見て。それから、我が社の現在の残業状況を調べて一覧表にして、どこをどういうふうに改善すればいいか、まとめればいいんだ」
仲島「（急に元気になって）なるほど、そうやればいいんですね！」
岡田「わかったかい？」
仲島「わかりました！」
岡田（心の声）《まったくもう……。返事だけはいいんだよなぁ》

その週末、再び、岡田リーダーのもとを訪ねる仲島さん。

岡田「仲島くん、どうだい。あれから進んでるかな？」
仲島「実は……」
岡田「何だい。またわからないことがあるのか？」
仲島「あのー、労働基準監督局のガイドラインをウェブサイトからダウンロードしてきたんですけど、どうやって見ればよいかわからないんです」
岡田「どう見れば、って、おいおい」
仲島「それと、我が社の現在の残業情報なんですが、時短状況ってどこで調べればいいのかわからなくて。ネットで見つからなかったものですから……」
岡田「君なぁ……」

＜つづく＞

＜解説＞

岡田リーダーは、なかばあきれ果てた様子で、プランのつくり方を指導していましたね。

今回のプラン策定について、岡田リーダー自身は、現状を把握し目標を立て、どういう手順を踏んだらよいかという流れを理解しています。しかし、その点が部下の仲島さんと共有できていません。

仲島さんの立場から見ると、時短計画を提出しろと言われた時、時短計画を提出するという、言葉の意味はわかるので、「はい、わかりました」と言ってしまったのかもしれません。

しかし、実際にはこれは非常に抽象的な大目標なので、ブレイクダウンして、作業のステップに分けて指示しないと、行動レベルで実現しませんね。

また、週のはじめに仲島さんが来た時、いきなり進捗状況を確認する問いかけをしていますが、仲島さんの様子や表情を見れば、進んでいないことがわかるはず。顔を見ないで、淡々とクールに質問してしまうと、相手はどうしても萎縮しがちです。その結果、自己肯定感は下がり、自分はやっぱりダメなヤツだと思うようになります。自分で考えて工夫していく自立型人材の育成がますます遠のいていってしまうことになります。

（その2）

すっかり落ち込んでしまった仲島さんの様子を見て、岡田リーダーは自分の接し方に問題があったのではと思い、以前受講したコーチング研修のレジュメを見直してみました。そして、「相手の良いところを見てほめる」「相手にあわせて成長をサポートする」という点を意識して、あらためて仲島さんと話し合いました。

岡田「あ、仲島くん。忙しいところ、呼び出してごめんね」
仲島「リーダー、何でしょうか」
岡田「いや、実はね、さっき仲島くんと話した後、私の指示が大ざっぱすぎたかなと思ってね。仲島くんが作業をしやすい方法をあらためて一緒に考えてみたいと思ったんだよ」
仲島「一緒に考えてくださるんですか？」
岡田「うん。もちろん、仲島くん自身が考えていくことが重要なんだけど、わたしなりにサポートできることがあるんじゃないかと思っているんだ」
仲島「ありがとうございます！」
岡田「では、さっそく始めようか。まず、確認だけど、労働基準監督署のガイドラインだけど、これは全部通して読んでみた？」

仲島「はい、読みました」
岡田「うん、そうか。資料を確実に入手して読み込むというのはいいね。仲島くんはまじめだから、きちんとやるよな」
仲島「はい！」
岡田「で、読んでみて、我が社にとって一番重要だと思うのはどこだと思った？」
仲島「そうですねー。まえがきとかではなく、やはり、労働時間統計の一覧のところだと思います」
岡田「そうだね。重要なところを外していないな。これが時短の目標になるのは、わかるよね」
仲島「はい。わかります」
岡田「次に現実の話なんだけど、データ集めをする必要があるね。これは前回、私が方法をきちんと示さなかったから、どこから手をつけてよいかわからなかったんだろうと思うんだ」
仲島「いえ、私も調べ方が良くなかったと……」
岡田「ネットにはこういう情報は出ていないいんだけど、我が社の誰がどのくらいの労働時間になっているのかを調べる方法はないかな」
仲島「そうですね。一人一人に聞いて回ることかな……。でも、これ何百人もいるからたいへんだと思います」
岡田「たしかにそうだね。どこかに情報が集まっているところはないかな」
仲島「あ、人事部って、残業時間の計算をして、それをもとに給料を払っているわけですよね」
岡田「そのとおりだね。活用できそうじゃないか？」
仲島「はい」
岡田「人事にデータをもらうときに何が大切だと思う？」
仲島「んー、よくわかりません」
岡田「今回の時短目標を達成するために、誰が何時間残業しているかを、固有名詞の部分はいらないよね」
仲島「あ、そっか。余計な個人情報を預からないほうがいいですもんね」
岡田「そのとおり！　漏洩の危険が減るから、データを出してもらいやすくなるよね」
仲島「そうですね」

岡田「その情報はいつ取りに行く?」
仲島「じゃあ今から。メールを……」
岡田「うん、メールもいいけど、もっと良い方法があるとしたら?」
仲島「直接お願いに行ったほうが丁寧でしょうか」
岡田「そうだね。こういうお願い事、頼み事の時は、メールだとちょっと事務的な感じがするね」
仲島「あ、そうですね」
岡田「直接頭を下げる。君は好青年だから、君が頼んだら誰でも喜んで協力してくれると思うよ。大事な話だからねえ」
仲島「わかりました」
岡田「人事の谷口課長には、私からも予告しておくよ。大事な仕事なので頼んだよ」
仲島「はい!」
岡田「いい返事だ。じゃあ、今わかったことを復唱してくれるかな?」
仲島「えっと、まず……」

＜解説＞

（その1）で、仲島さんとの接し方に課題があると感じた岡田リーダーは、かつて学んだコーチングの手法を思い出し、実践しました。それにより、仲島さんにも改善の兆しが見られるようになりました。ポイントを見ていきましょう。

•否定せずに相手の話を受け止める

質問に対して、常識からかけ離れた答えが返ってきても、岡田さんはその意見を否定せず、しっかり受け止めています。そして、「それもいいけどもっと良い方法はないかな？」などと問いかけることで、望ましい方向へ導いていました。

自分の中に正解があっても部下に考えさせる。このことはとても大切です。我慢することがストレスかもしれませんが、そんな時は、ふーっと息を吐いて、ストレスレベルを下げることも有効です。

•良いところをほめる

（その1）では、岡田リーダーは仲島さんの「できていない点」「良くないこと」だけにとらわれ、仲島さんをまったくほめていません。一方、（その2）では、仲島さんの「実践できた客観的な事実」「すぐれた側面」を、タイミングを外すことなく即座にほめています。どんな相手にも、ほめるポイントは必ずあります。上司は、そのポイントを見逃さず、積極的にほめることが大切です。

・相手から解決策を質問で引き出す

思ったようにできない部下を見ると、つい感情的になって、ああしろ、こうしろと、一方的に指示命令（commanding）してしまいがちです。（その1）で、岡田さんは、プランをつくるためのプロセスを、一方的に伝えていましたが、（その2）では、あくまでも仲島さん自身が考えるよう導いていました。一方的に指示すれば、「俺は部下に指示をしたんだ」というつかの間の達成感を得ることはできるでしょう。しかし、自分の考えを相手に理解させ、自立型の人材を育てるためには、ぐっとこらえてサポート役に徹することが大切です。

・質問の活用が大事

仲島さんは（その2）で、仲島さんに自分で解答を導くことができるよう、「質問」を繰り返していました。忙しい上司にとって、部下に考えさせ、発言を引き出し、部下の問題解決能力を高めていくのは、時間がもったいないことだと感じるかもしれません。しかし、最初はゆっくりでも、伸びていくのを手助けするのが上司の役目。長い目で見れば、戦力になる部下を育てるほうが、岡田さん自身のためにもなるのです。

・最後に意志を再確認する

（その１）では、仲島さんの「わかりました」という言葉を聞いて会話を終えていましたが、（その２）では、「いまわかったことを復唱してくれるかな?」と、相手が理解した内容を確認していました。復唱させることは、相手のやる気を確認するだけでなく、上司と部下の認識のギャップを埋めることにつながり、また行動すべきことが部下の頭の中に映像化されているかを確認することができます。

コーチングの基本に関するQ＆A

ここでは、私がセミナーなどでよく受ける代表的な質問を五つあげて解説します。私の解説を読む前にぜひ、自分だったらどう答えるか考えてみてください。

Q1 コミュニケーションがうまくとれず、部下の気持ちがわからなくなっています。コーチングを身につければ自信がつくでしょうか?

A 部下の気持ちに思いをはせて理解しようとしているのはすばらしいことですね。ただ「今、どんな気持ち?」などと直接的に質問しても、答えにくいので「まあまあです」といった曖昧な答えが返ってくることが多いはず。

そこで、まずは、ヒーロー・インタビューからスタートしてみましょう。その部下が、「一番、頑張った話」「輝いていた体験」「困難を乗り越えた思い出」などを語ってもらうのです。これにより、部下が元気になり、心理的な距離が近づくことで、日常会話も自然にしやすくなるでしょう。

コーチングスキルを完璧に身につけてから、部下と接しよう、というのは順番が逆。上司としての自信は、コーチング的なコミュニケーションを意識して実践する中で、次第に深まっていくものです。

Q2　自分の業務も忙しいので、部下の話を聞く余裕なんてありません。テキパキと指示命令を出したほうがいいのでは？

A　「火事場ではコーチングしないでください」と申し上げています。命に関わるような緊急事態では、テキパキと明確な指示を出し、部下を効果的に動かすことが上司の責任です。また、そういう場合には、部下も命令に従って行動するでしょう。

しかし、そうではない状況では、コーチングが有効です。「部下の話を聞く余裕がない」のは、部下の能力や自発性をうまく引き出せていないからではないでしょうか？　「部下の声に耳を傾けてくれない上司」の指示はなかなか伝わりにくく、部下は指示待ち族になるケースが多いですね。

自分の仕事が忙しい上に、部下に対するコーチングに力を入れると、短期的には負担が増すように感じることもあるでしょう。

ただ、部下の実力が伸び、細かい指示を出さなくても、自ら仕事を見つけて、動くような状況を作ることができれば、上司が「忙しい」という言葉を使う頻度は減っているはずです。これまでの悪循環を断ち切り、好循環を実現する第一歩を踏み出してください。

Q3　怒っているわけではないのに、質問を投げかけると部下は萎縮してしまいます。自然に問いかけるコツはないですか？

A　上司の方は冷静に「叱っている」つもりでも、部下から見ると、「怒っている」ように見えていることはよくあります。自分自身の顔の表情や声のトーンは自分では気づきにくいもの。ビデオを撮っておくのが一番ですが、鏡を見たり、録音してみるのも、自分のコミュニケーションを客観的に見つめ直すのに効果的です。

もちろん、反語・詰問は避けたほうがいいですね。「何でできなかった？」「どうしてミスが発生した？」など、過去に起きたマイナスの事柄の理由を尋ねる質問は、詰問と受け止められることがあるので、「原因のリスト」を活用してください。

Q4 ミスを繰り返す部下に対して「承認」するのは難しいと思うのですが……。

A 「部下がミスを繰り返す」のは上司の責任です。「部下の能力が低い」「部下が言うことを聞かない」などと愚痴をこぼしている上司をよく見かけますが、「他責」(他人を責める、他人のせいにする)では状況は改善しません。

かといって「自責」(自分を責める)もおすすめしていません。「過去と他人は変えられない」ので、自分のコミュニケーションのとり方を変えよう、というのが、私の提案です。

そもそも毎回ミスが発生しているのであれば、そもそも、仕事のやり方の説明に問題があります。ミスの原因は、曖昧な指示や、例外的な判断の仕方を十分に伝えていないところにあるのかも知れません。

部下をほめることに違和感を覚えるのなら、ミスなく業務をこなした時に「ありがとう」と声をかけるのはいかがでしょうか?「ミスを繰り返す部下」という先入観で部下を見ると、部下がミスを犯した時だけ注目してしまいがち。他方、部下がちゃんと仕事をしている時には、コミュニケーションをとらない上司が多いのです。

「何も問題のない時にこそ、意識的にコミュニケーションをとる」のが、良い上司の一つの基準です。「そうそう、そんな感じで進めていってね」「今日もいい調子だね」など、ミスのないタイミングで声をかけることをおすすめします。

Q5　コーチングの研修なども受けていますが、自分がどの程度成長しているかを知る方法はありますか？

A　自分の背中は自分で見えません。だから鏡があります。自分の上司としての力量、コーチングのスキルの向上を、自分だけで認識することには限界があります。

最も基本的な方法は、「日頃、指導している部下からフィードバックを受けること」。ちょっと勇気がいりますね。「何て言われるだろう？」とドキドキするかも知れません。しかし「何と思われているだろう？」と想像しているのは、とても疲れます。頭の中で、想念がグルグル回ると、電気回路がショートサーキット（短絡）したようになり、熱は持つけれどちっとも事態は改善しません。

思い切って「私のコーチングスキルは上達しているかなあ」などと、質問してみてください。もし、部下からポジティブな評価が得られたら自信につながりますね。

仮にそうでなければ、改善すべき箇所が浮かび上がってきます。そこを、修正していけば、確実に成長を実現することができます。ですから、耳の痛いフィードバックをしてくれた部下には、必ずお礼を言うこと。

「君の提案のおかげで、より良いマネジャーへの階段を一歩上ることができた」と伝えれば、その部下との信頼の絆がさらに深まることでしょう。

コーチングについてさらに深く学びたい人のための厳選書籍リスト

1 ヘンリー・キムジーハウス、キャレン・キムジーハウス、フィル・サンダール著、CTIジャパン訳『コーチング・バイブル―本質的な変化を呼び起こすコミュニケーション -BEST-SOLUTION』第三版（東洋経済新報社、二〇一二年）

コーチングを単なるスキルのレベルにとどまらず、生きる哲学として究めていこうとする著者達の気迫を感じる一冊。人生のあらゆる側面を包括的にとりあげる視点から、大切な人との人間関係の深化に活かせるはず。

2 伊藤守著『図解コーチングマネジメント――人と組織のハイパフォーマンスをつくる』（ディスカヴァー・トゥエンティワン、二〇〇五年）

従来型のコミュニケーションよりも、コーチングが組織の中で機能するのはなぜか、という問いに対して、わかりやすく解説。生理学、認知科学の理論を踏まえながら、実践しやすい具体的スキルとして紹介している。

3　鈴木義幸著『コーチングのプロが教える決断の法則「これをやる!」』（講談社、二〇〇四年）

コーチングを受けたクライアントが、どのように決断し、行動を起こし、結果をつかんだか、二十のケースを紹介した本。「自分の背中は自分で見えないし、自分で押せない」からこそ、コーチのサポートが必要だと実感できる一冊。

4　ジョセフ・オコナー、アンドレア・ラゲス著、杉井要一郎訳『コーチングのすべて――その成り立ち・流派・理論から実践の指針まで』（英治出版、二〇一二年）

コーチングについて、歴史的・理論的に解説した書籍としては最も網羅的で詳細なもの。入門書では物足りない、さらに専門的に勉強したい、という方にはぴったり。

5　スティーブン・パーマー、アリソン・ワイブラウ編集、堀正監修・監訳『コーチング心理学ハンドブック』（金子書房、二〇一一年）

コーチングの心理学的背景を理解する上では欠かせない一冊。ポジティブ心理学の応用として位置づけるとともに、NLP、ソリューション・フォーカス、認知行動療法、ナラティブ・アプローチなど、様々な隣接領域との関連も解説。

6　市瀬博基著『ビジュアル　はじめてのコーチング』（日本経済新聞出版社、二〇一二年）

コーチングのスキルについて解説した本は数あれど、企業・組織の中で、いつ、どこで、どのように活用するのか、状況や文脈を解説した本は少なく、貴重。決して入門書ではなく、むしろ上級者にとって示唆深い内容が中心。

7　ローラ・バーマン・フォートガング著、西村美由起訳『なぜこの人ばかり出世するのか』（ベストセラーズ、二〇〇二年）

米国ナンバーワンのキャリアコーチが紹介する、仕事がうまくまわるようになる秘訣。ビジネスパーソンが直面する課題の解決に役立つ、視点を変える発想、レトリックの力が素晴らしい。

8　菅原裕子著『子どもの心のコーチング――一人で考え、一人でできる子の育て方』（PHP研究所、二〇〇七年）

おそらく日本で出版されたコーチング関連書籍の中で最大部数を誇る「子育てコーチング」の定番。コーチング的なコミュニケーションをとることにより、子供の心だけでなく、親の心も安定し、成長していくことが可能に。

9　本間正人、祐川京子著『決定版 ほめ言葉ハンドブック』（PHP研究所、二〇一三年）

承認のスキルを実践しようと思った時に、ほめ言葉のボキャブラリーが少ないことが障害になる場合が少なくない。相手やTPOに合わせて、最も適切な語彙を見つけられる手引きになるはず。

10　本間正人著『英語deコーチング』（日本経済新聞出版社、二〇一二年）

企業活動の国際化に伴い、外国人の部下を英語でコーチングするニーズも増加の一途。細かく指示を与えるよりも質問を活用するのが得策。即、使える具体的な英語表現を紹介している。

あとがきに代えて――「コーチングと学習学」

ビジネスの世界では、企業・組織の管理職が行なうビジネス・コーチングが一般化していま
す。これは、上司が個人としてのコーチング能力を高め、個人としての部下の能力や意欲を引き出して、結果に結びつけていく取組みで、本書は主に、この領域を取り扱っています。

今後、個人の能力開発と組織の発展をどう結びつけていくかという観点から「グループ・コーチング」や「ＡＩ（Appreciative Inquiry の略語）」（ポジティブ組織開発）などがさらに注目を集めていくことでしょう。

グループ・コーチングとＡＩ

チームメンバーに共通する課題について、上司がコーチとして解決を促進し、ビジョンや緊急感、ノウハウやベストプラクティスを共有していく取り組みが「グループ・コーチング」です。「一人ひとりの部下をコーチングする重要性はよくわかるが、結局、同じようなテーマでコーチングすることが多いので、一度にできれば効率が良くなる」と感じる管理職の方が数多

くいらっしゃいます。

「グループ・コーチング」の基本は、一対一のコーチングと同じですが、「指名のスキル」「公募のスキル」が加わり「様々なモードでコーチング的な介入を行ないグループの業績を高めていくこと」と定義できます。これについては、本書の姉妹版日経文庫『グループ・コーチング入門』（二〇〇七年）をご参照ください。日本の組織風土には、よくマッチするようです。その後、二〇〇九年以降、米国でも「グループ・コーチング」がタイトルになった書籍が相次いで出版されるようになりました。

そして、「個人の強みを引き出すミクロのアプローチ」がコーチングであれば、「ポジティブ組織開発」は「組織の強みや活力を引き出していくマクロのアプローチ」と言えるでしょう。本書の共著者である松瀬理保は、ＡＩコンサルティング・ジャパン代表として、この手法を日本で普及する先頭に立っています。

ＭＩＴのピーター・センゲ博士が提唱した「学習する組織」（Learning Organization）を実現していくために、個人レベルではコーチングが、そして、全体としてはポジティブ組織開発のアプローチがきわめて重要だと考えています。

セルフ・コーチング

また、組織の管理職ばかりでなく、あらゆる職業や立場の人が、「自分自身に対してコーチングのスキルを応用して、目標達成や問題解決を促進していく力」を「セルフ・コーチング」と呼びます。日経文庫『セルフ・コーチング入門』は二〇〇六年に刊行して以来、若手社員や大学生にも幅広く読まれてきました。悩んだ時、行き詰まった時に、「未来志向の建設的な問い」を自分に発することがブレークスルーのきっかけになります。「漠然と悩み続ける」のではなく、「具体的に行動指向で考える」能力は、「生きる知恵」の根幹に置かれるべき力ではないでしょうか?

最近は「アクティブラーニング」が注目を集めており、私はこれにも力を注いでいますが、むしろ、学校教育の現場で未だに見失われているのは、「セルフ・コーチング」の仕組みと機会ではないかと考えています。

学習学とコーチング

そもそも、私が「コーチング」という概念と出会ったのは一九九七年の夏頃に、コーチ21代表の伊藤守氏からの紹介がきっかけでした。当時、私はミネソタ大学の成人教育学大学院の博士課程に在籍中。早速、コーチ・ユニヴァーシティのプログラムをウェブサイトでのぞいてみると、私の研究テーマに近く、とても興味をそそられました。また、コーチ・ユニヴァーシティのプログラムの構成の仕方や遠隔教育（Distance Education）にも関心があったので、CTP（Coach Training Program）という電話会議システムによる学習プログラムをとり始めました。Skypeなどない時代ですから、1分10セントの長距離電話料金を払いながら、一時は学業そっちのけの勢いで、熱心に参加したものです。

私がコーチングに関心を持った背景には、私が「教育学を超える学習学の構築」を研究テーマの中心に据えていたことが影響しています。これまでの教育学は、ともすれば「学校という場において教える側が主役の教育」（Teaching）中心で、学ぶ側（Learner）は、「受け身で教わる」という受動的な立場に置かれていた面が否めませんでした。

これに対して、学習学では、「人間が、人生の中で学ぶことは、学校で教わることよりもはるかに広く、深い内容を含む」と考えています。そして「学習者が自ら主体的に学ぶ学習」（Learning）が中心で、指導者の役割は副次的なものと位置づけられます。

私が「学習学」という言葉を思いついた一九九二年当時すでに、企業内研修でも学校の教室の中でも、集合学習における指導者の役割はファシリテーション（Facilitating）であることは考えていました。しかし、コーチングと出会ったことで、指導者の役割として「個別指導」がきわめて重要であることを痛感したのです。

つまり学習者の主体的な学習を、側面からサポートする指導者の役割として、集団の中ではファシリテーティング、個別の場面ではコーチングが大切であるという概念整理ができたことが、私にとって最大の収穫でした。

これまで、教育の重要性については、多くの本が書かれ、専門家が研究し、「教育学」という学問分野として定着していますが、「学習」については、体系的な研究が行なわれてきませんでした。「教育」と「学習」は、重なり合っている部分もありますが、突き詰めて考えてみると、正反対の方向性を持った行為であり、考え方なのです。すなわち、

教育（Teaching）は、個人の外側から内側へのはたらきかけ
学習（Learning）は、個人の内側から外側へのはたらきかけ

であると言うことができるでしょう。

図表A　教育，学習とコーチングの関係

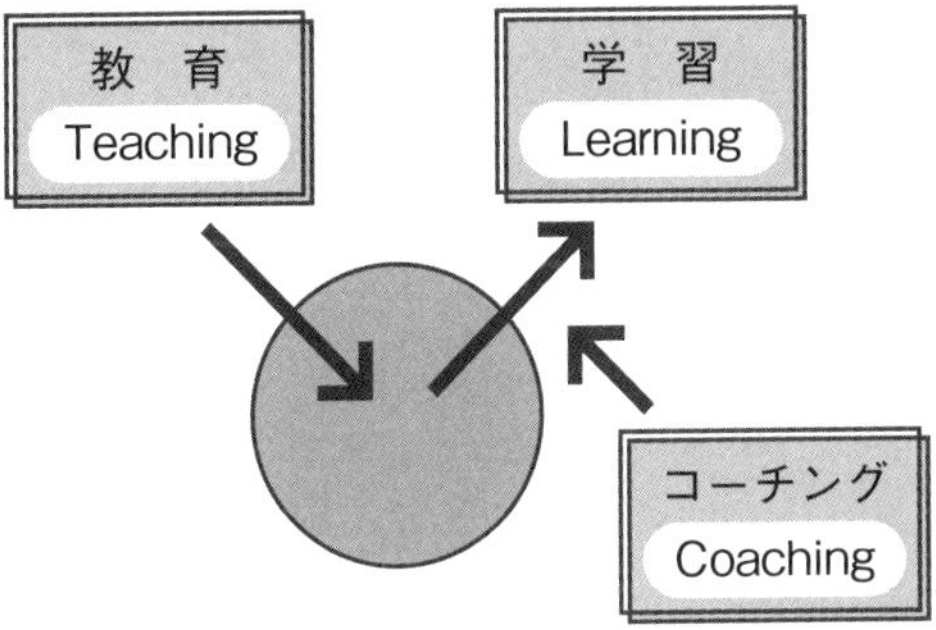

そして、コーチングとは、この学習（Learning）のベクトルを側面からサポートする役割と言えるでしょう。その意味で、コーチングに対する注目度の上昇は、これまでのティーチング・モデル至上主義に対する警鐘とも受け止められるのではないでしょうか？

37ページでは、ティーチングとコーチングを対比させた図をご紹介しましたが、ここにラーニングを加えると図表Aのようになります。つまり、コーチが主人公ではなく、あくまでも学習者（Learner）が中心にいて、コーチの関わりは側面的なものだということになります。本書では、紙幅の制限があり、詳しくご説明することができませんが、この図をさらに深化・発展させていくことが、私の研究テーマでもあります。

学習とは何か

ここでいう学習は、きわめて幅広い概念です。学校ばかりでなく、家庭や会社、地域社会など、様々な場面で学習は行なわれます。さらに、知識や技術を習得するだけでなく、対人関係に熟達したり、自分の感情をコントロールしたり、健康を増進したりというように、人間生活のありとあらゆる側面について、学習すべきことがあります。

学習には二つの側面があります。

■学習の定義1（適応の側面）

外界を認知し、
自らの特質を活かして
環境に適応していくこと

■学習の定義2（発揮の側面）

外界を認知し、
環境に適応しながら

自らの特質を発揮していくこと

この二つの定義は人間だけでなく、生きとし生けるものの全てにあてはまり、全ての生物は、この二つの学習行動を続けています。すべての「いのち」は環境に適応しながら、開花し、結果を生みだし続けていく存在なのです。

そして社会的存在である「人間」にとっての学習は、さらに具体的に定義することができるでしょう。

■人間にとっての学習の定義

「人間にとっての学習」とは、

人間が社会的に生きていく中で、より良い状態を作り出すために、

自らの意志に基づき、

知識、思考、技能、感性、情緒、運動など、様々な側面の

人間能力を引き出し、その向上を図ること

これだけ広い定義ですと、学習は、様々な要素を含み、また個人差が大きいため、一般化して論じるのは難しいように思えるかもしれません。しかし、数学でも、料理でも、会社の経営でも、人間関係でも、学習する時に共通する上達の仕方、役に立つ考え方が存在すると、私は考えます。そしてその考え方を日本語で「学習学」、英語でLearnology（ラーノロジー）と名づけました。

ここで「学習学」を定義しておきましょう。

■学習学の定義

「学習学」とは、

人間にとって最も基本的な行為である「広い意味での学習」について

学習者の立場に立って、体系的に研究する科学

と定義しておきたいと思います。

「広い意味での学習」は、人間生活のすべての領域にかかわってくるので、「生きること」とほとんど同義語になります。とすれば、「人間にとって最も基本的な行為」と位置づけること

ができるでしょう。

経済学は、人間を「経済学的合理性に基づいて行動する動物（ホモエコノミクス）」と規定し、この人間観の上に立って理論体系を構築しています。これに対して学習学は、「人間＝学習する動物（ホモディスケンス）」という人間観に立った科学と言うことができるでしょう。

そして、学習者の置かれている状況により、子ども達には「スクール・ラーニング」や「ホーム・ラーニング」が、社会人には、「ビジネス・ラーニング」、「プロフェッショナル・ラーニング」、「エグゼクティブ・ラーニング」など、多様な学習の形態が存在し、また指針が求められていると考えられます。

Eラーニングが急速に進歩し、普及する時代だからこそ、「教わる」のを待つのではなく、「自ら学ぶ」「お互いに学び合う」「体験を通じて学ぶ」ことが重要であり、一人で学ぶことには限界があるので、コーチングが機能するのです。

特に、これまでの日本の英語教育は、学校の教室での一斉授業により、多くの日本人の意識の中に「英語嫌い」と「英語に対する苦手意識」を植え付けてきました。一人ひとりが自らの目標を目指し、自らの学習スタイルとスケジュールに合った「英語学習」を行なっていくことが効果的です。スマートフォンの中には、様々な学習資源が無料もしくは安価に存在し、その気になれば、いつでもどこでも「ナマの英語」を学べる時代になりました。しかし、目標が不明確だったり、自分に合った学習方法が見出せないと「三日坊主」になってしまうケースがほとんど。そこで私は「英語学習コーチング」を提案し、学習学実践の一つの具体的な形として広めたいと考えています。

学習学とコーチングの未来

そして、このような学習学とコーチングとの関係は密接なものがあります。つまり、

①コーチングは人間生活の様々な領域で有効に機能する。

②コーチングはクライアントが中心の考え方であり、クライアントの学習をサポートする役割である。

③コーチングは、枠にはめる画一的なアプローチではなく、クライアントの個々の具体的な状況に応じた個別のアプローチである。

と言えるのです。

ですから、私は、コーチングとは、人間の様々な学びをサポートする基本的な営みであり、教師ばかりでなく、企業の管理監督職はもちろん、親やコミュニティのリーダーにとっても、

必要不可欠なスキルであると考えています。

また、経営幹部や管理職といったリーダーが、コーチング能力を高め、社内のコミュニケーションを活性化することで、「学習する組織」の実現が初めて可能になると思うのです。

ビジネスの世界で、次いでアカデミズムや学校教育の世界でも、コーチングに対する注目が次第に高まってきています。この状況について、仕掛人の一人としては、良かったと思う反面、これを一過性の流行に終わらせないようにしなければならない、という責任も感じています。

コーチングが、狭い業界でしか通用しない特別な概念ではなく、日本中の多くの人が、ごく普通に使う普遍的なプラクティスになるように願っています。

そして、その延長線上には、

組織全体が学習力を高めていくこと（Learning Organization）

社会全体が学習力を高めていくこと（Learning Society）

国全体が学習力を高めていくこと（Learning Nation）

地球社会が学習力を高めていくこと（Learning Planet）

があると信じています。

ビジョンは壮大ですが、「着眼大局、着手小局」の端緒として、人と人とが、信頼の階段を一歩ずつ上っていくようなコーチング的なコミュニケーションが必要不可欠だと思うのです。
本書が多くの人の手元で活用されることを祈っています。

本間　正人

本間　正人（ほんま・まさと）
京都造形芸術大学教授、NPO 学習学協会代表理事、NPO ハロードリーム実行委員会理事。東京大学文学部卒業、ミネソタ大学から成人教育学博士（Ph.D.）取得。企業研修講師のほか、NHK 教育テレビ『3か月トピック英会話』講師（2012年）などを務める。「教育学」を超える「学習学」の提唱者として、個人の可能性を引き出すコーチングやファシリテーション、キャリア教育、グローバル人材育成、など幅広いテーマで活躍中。著書は『言いづらいことの伝え方』『クイズで学ぶコーチング』『グループ・コーチング入門』（日経文庫）、『親子コーチング 自ら学ぶ子の育て方』（共著、日経ビジネス人文庫）、『[決定版] ほめ言葉ハンドブック』（共著、PHP 研究所）、『知識ゼロからのほめ方&叱り方』（幻冬舎）、ほか多数。学習教材として『本間正人のコーチング』（DVD 5巻セット、らーのろじー）など。
http://www.learnology.co.jp/

松瀬　理保（まつせ・りほ）
株式会社 AI コンサルティング・ジャパン代表取締役。米国オハイオ州 ケース・ウエスタンリザーブ経営大学院（組織行動コース）の第一期生として組織開発修士号を取得。AI 組織変革アプローチの創始者デイビッド・クーパーライダー教授に師事し、リチャード・ボヤティス教授からは「EQ リーダーシップ開発」なども学ぶ。全日本空輸、外資系航空会社にて人材育成、CS、営業の現場を体験し培った経験を活かし独立。日本国内のメーカー、小売業、IT 関連会社、運輸・航空会社などで「感動職場創造」「次世代リーダー育成」「ダイバーシティ」などの研修講師として活躍する。帝塚山学院大学で「人材開発論」の、南山大学大学院で「ファシリテーション」の講師をつとめる。主な著作に『AI ～最高の瞬間を引き出す組織開発』（解説、PHP 研究所）、『セルフ・コーチング入門』（共著、日経文庫）がある。また企業内媒体などに寄稿多数。
http://www.aicj.co.jp

日経文庫1340
コーチング入門

2006年2月15日　1版1刷
2015年8月17日　2版1刷
2024年9月6日　7刷

著　者　本 間 正 人
　　　　松 瀬 理 保
発行者　中川ヒロミ
発　行　株式会社日経BP
　　　　日本経済新聞出版
発　売　株式会社日経 BP マーケティング
　　　　〒105-8308　東京都港区虎ノ門4-3-12

印刷・製本　広研印刷

ISBN978-4-532-11340-7　Printed in Japan